Phonics and Word Study

Acknowledgments

Photos: Pages 3, 5, 6, 7, 11, 12, 13, 14, 15, 16, 20, 21, 22, 24, 25, 26, 28, 47, 48, 49, 50 www.photos.com; Page 18 www.istockphoto.com/Feverpitched; Page 19 www.istockphoto.com/ajt; Page 31 www.istockphoto.com/Fly_Fast; Page 32 www.istockphoto.com/jane; Page 51 www.istockphoto.com/ThomFoto

ISBN 978-0-8454-3849-7

Table of Contents

Trace **M m.** Write the letters.
Say the name for the picture. Listen to the first sound.
Circle the pictures with names that begin the same as **mittens.**

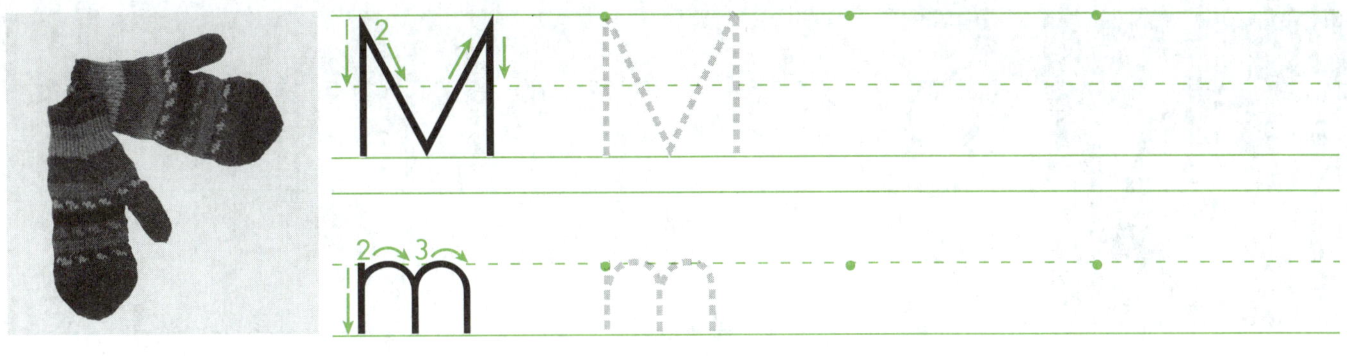

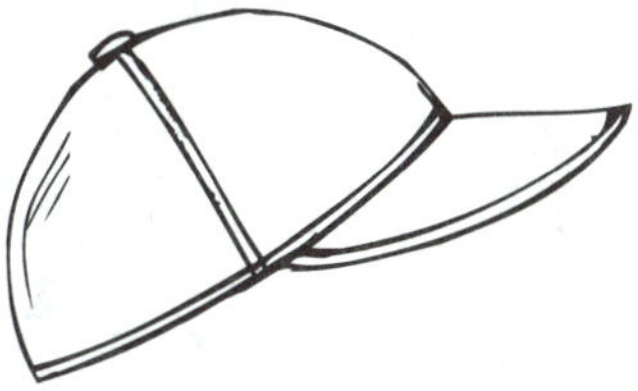

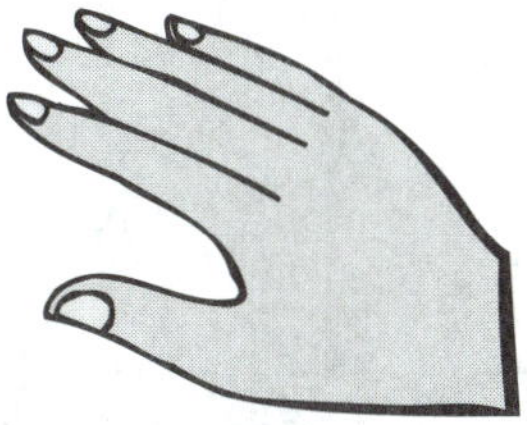

Trace **S s.** Write the letters.
Say the name for the picture. Listen to the first sound.
Circle the pictures with names that begin the same as **socks.**

Trace **D d.** Write the letters.
Say the name for the picture. Listen to the first sound.
Circle the pictures with names that begin the same as **dishes.**

Trace **G g.** Write the letters.
Say the name for the picture. Listen to the first sound.
Circle the pictures with names that begin the same as **gate.**

Trace **T t.** Write the letters.
Say the name for the picture. Listen to the first sound.
Circle the pictures with names that begin the same as **tent.**

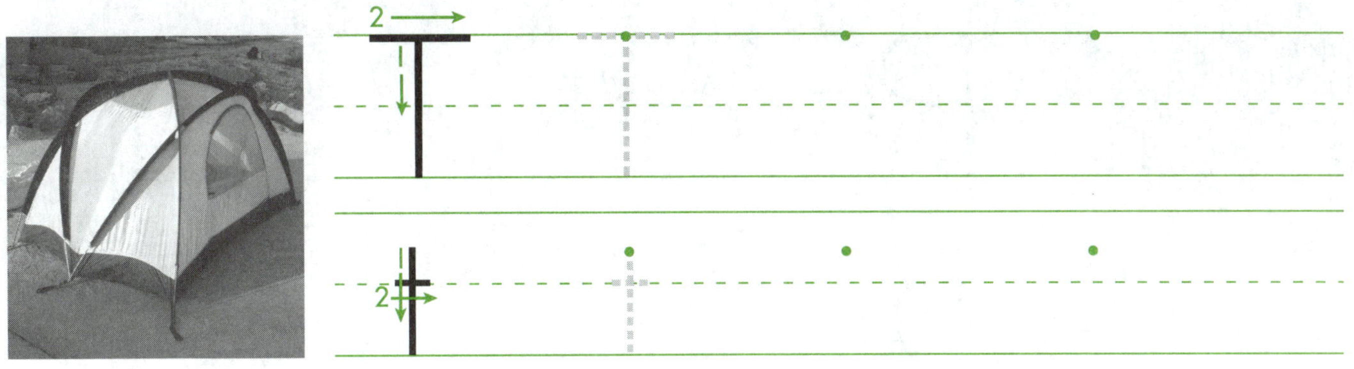

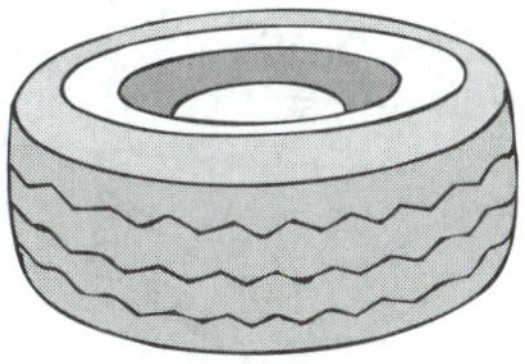

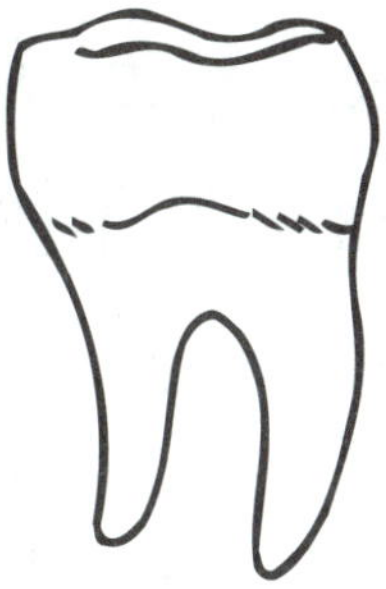

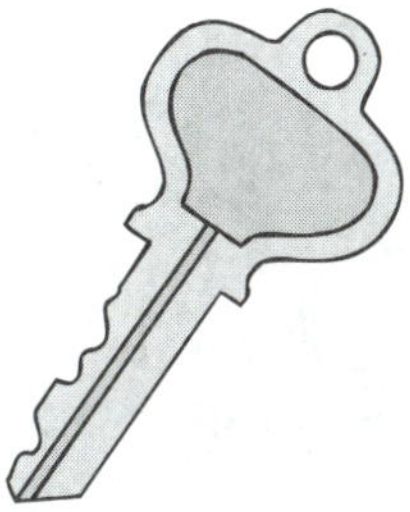

Trace **P p.** Write the letters.
Say the name for the picture. Listen to the first sound.
Circle the pictures with names that begin the same as **pencil.**

Write the capital letter and the small letter that stand for the sound you hear at the beginning of the picture name.

Trace **B b.** Write the letters.
Say the name for the picture. Listen to the first sound.
Write **b** under the pictures with names that begin the same as **banana.**

Trace **K k.** Write the letters.
Say the name for the picture. Listen to the first sound.
Write **k** under the pictures with names that begin the same as **keys.**

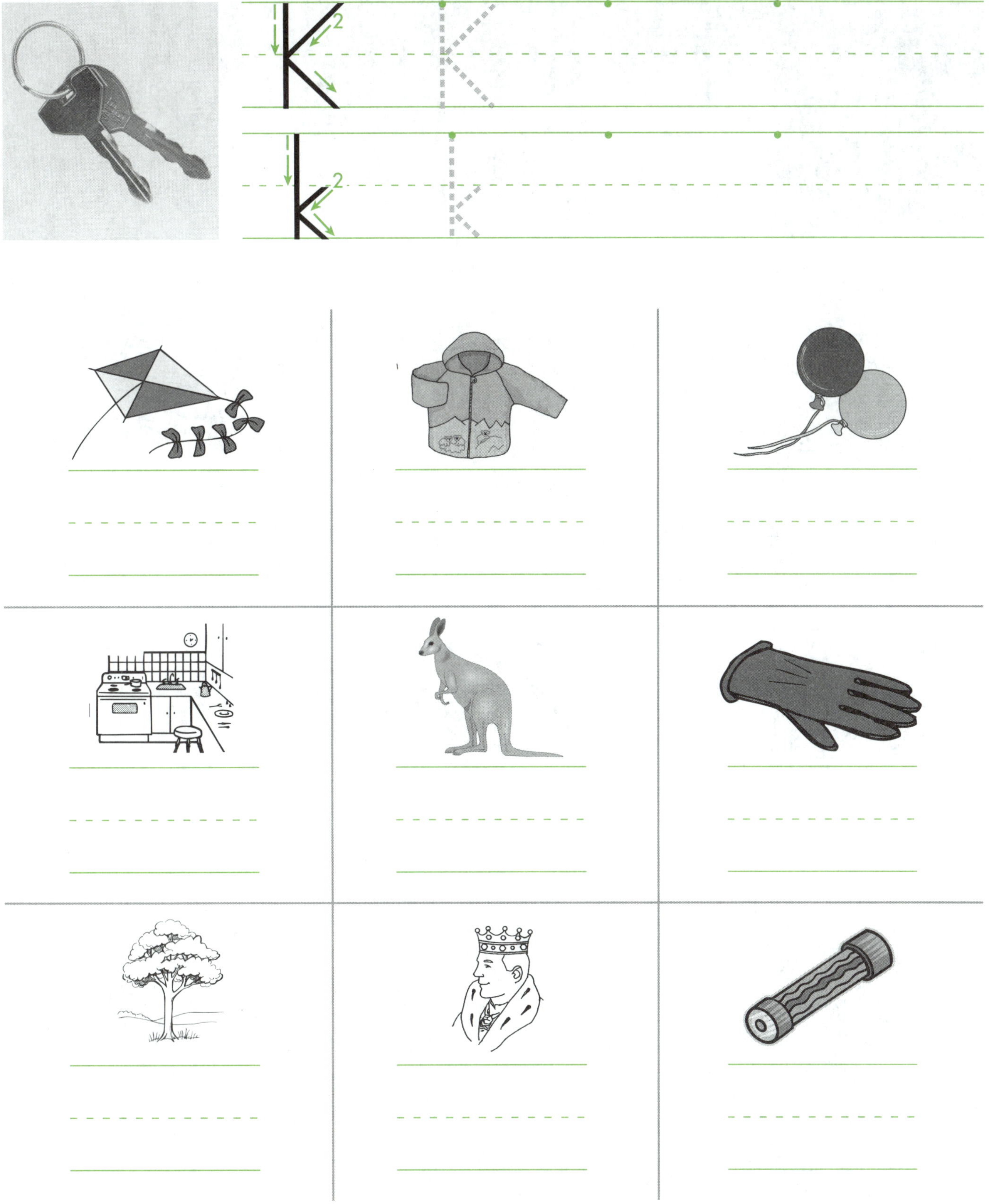

Trace **F f.** Write the letters.
Say the name for the picture. Listen to the first sound.
Write **f** under the pictures with names that begin the same as **fire.**

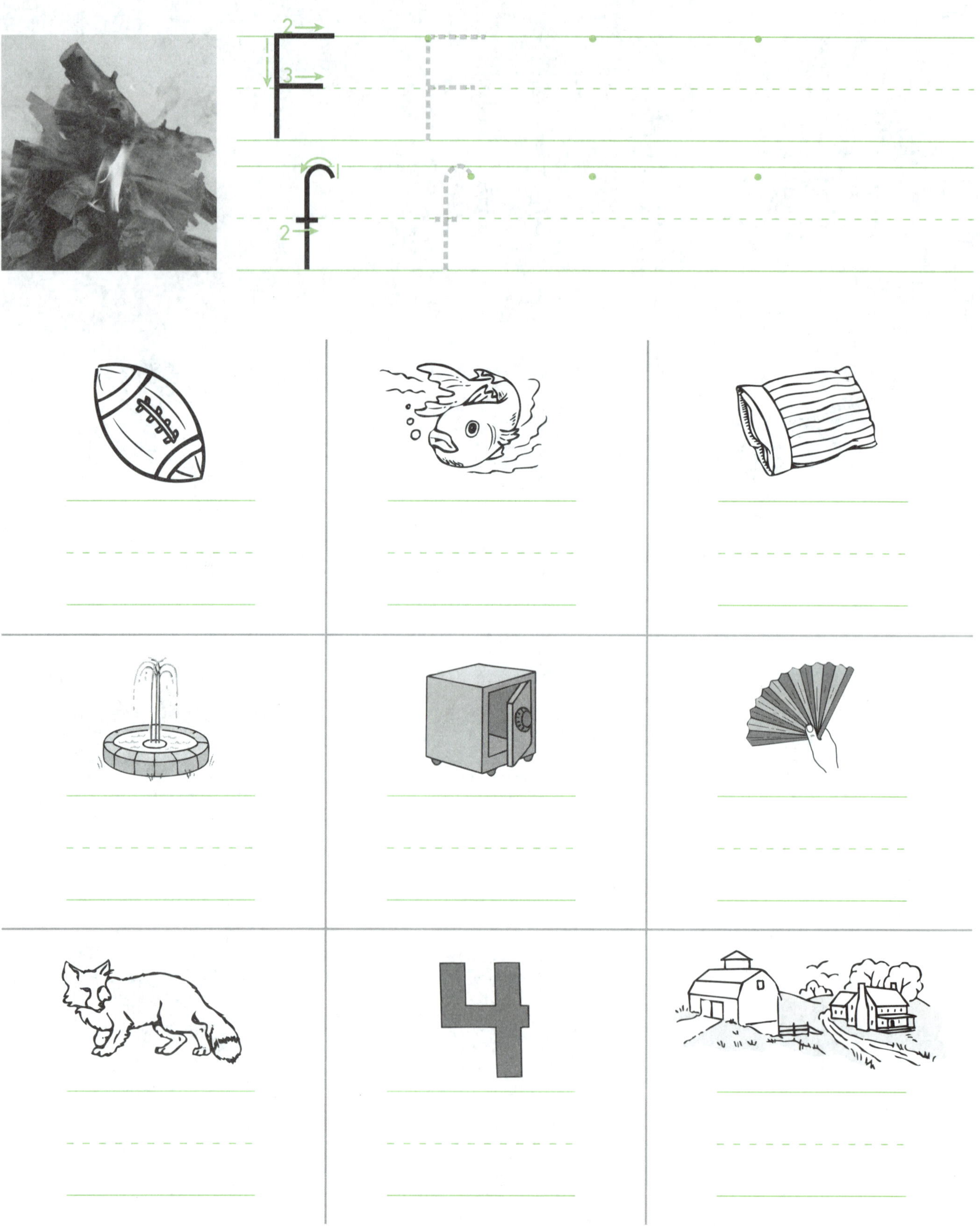

Trace **H h.** Write the letters.
Say the name for the picture. Listen to the first sound.
Write **h** under the pictures with names that begin the same as **hammer.**

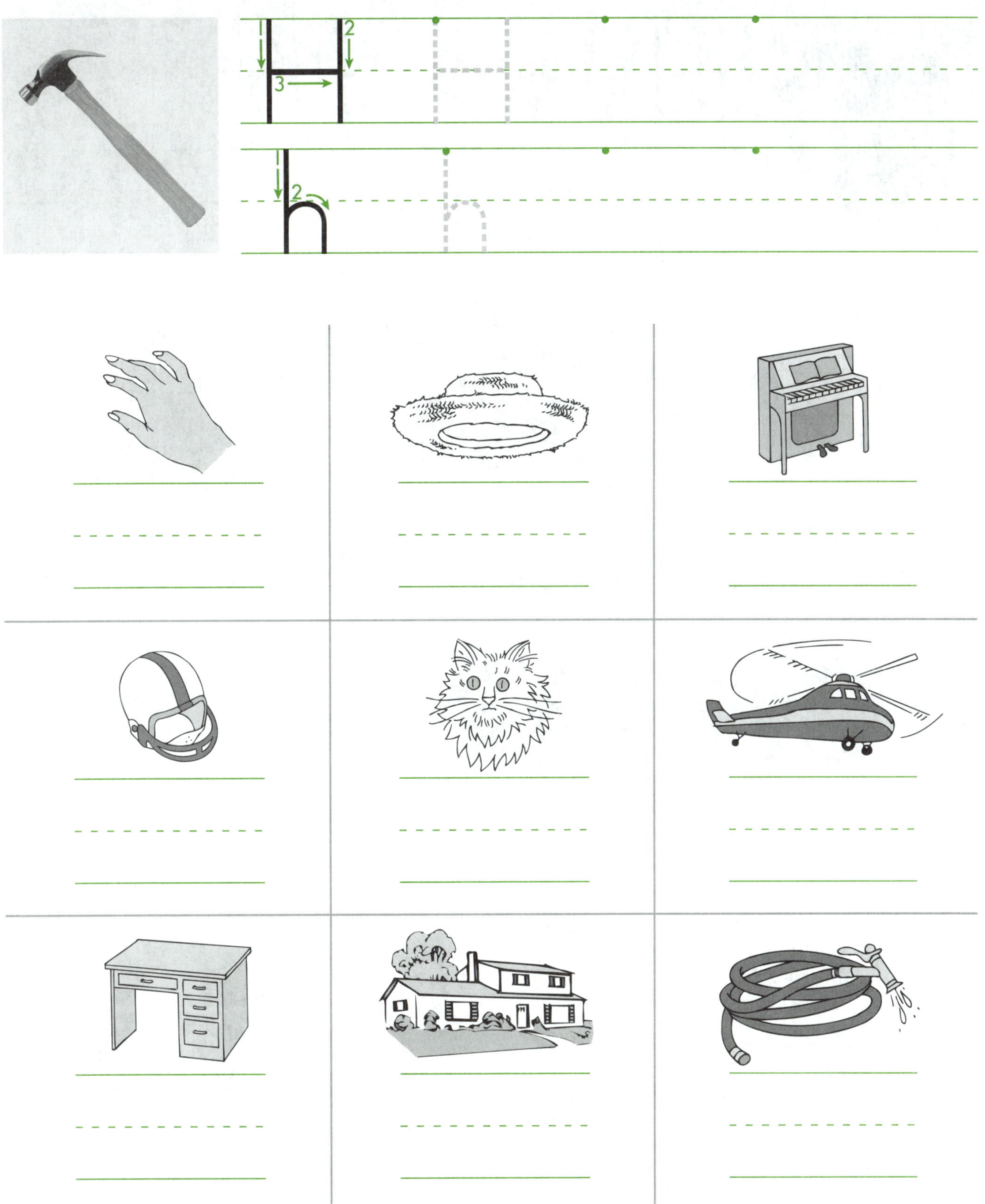

Trace **J j.** Write the letters.
Say the name for the picture. Listen to the first sound.
Write **j** under the pictures with names that begin the same as **jacket.**

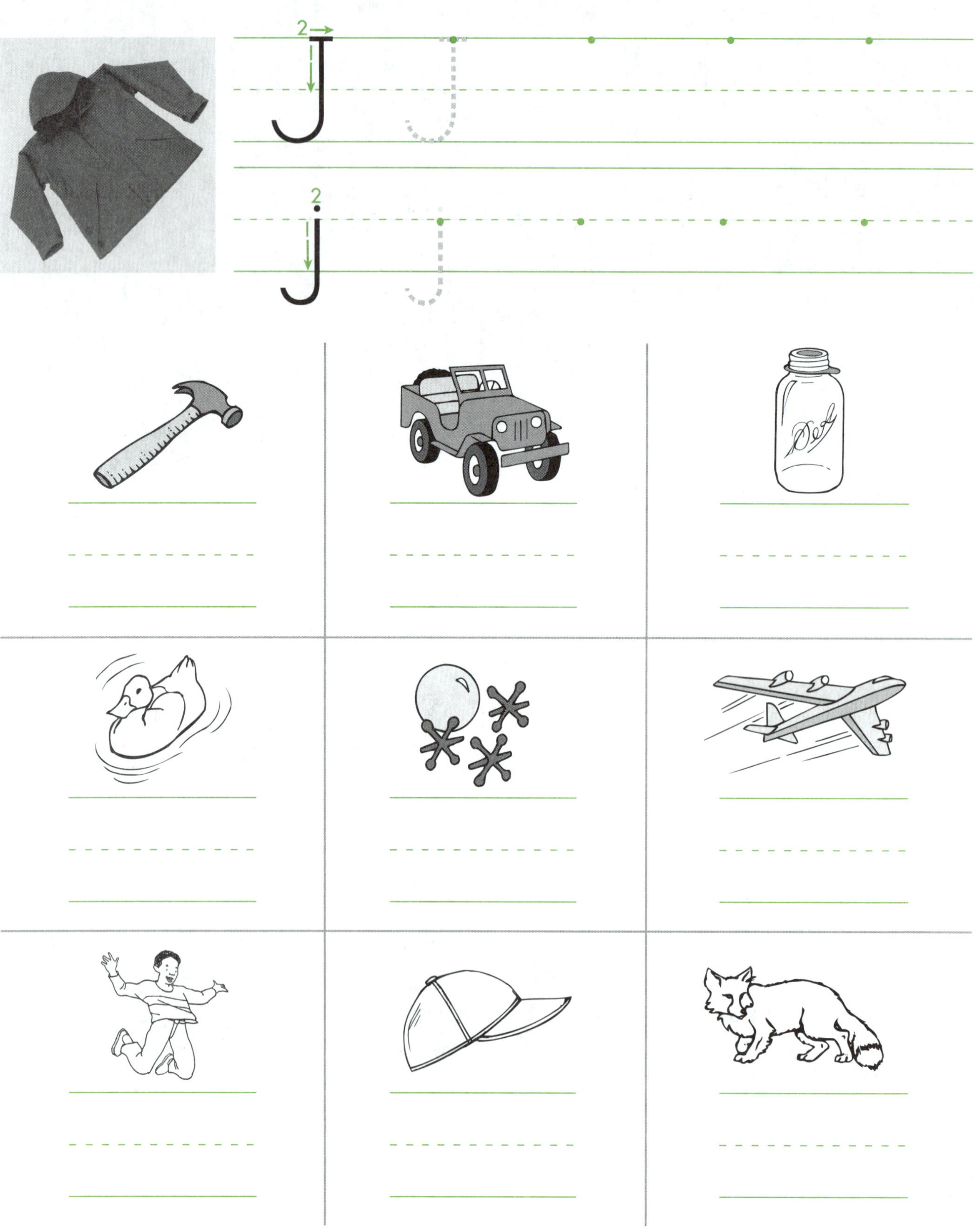

Trace **C c.** Write the letters.
Say the name for the picture. Listen to the first sound. It sounds the same as **k** in **kite.**
Write the letter **c** under the pictures that begin with the same sound as **comb** and **kite.**

Circle the letter that stands for the sound you hear at the beginning of the picture name.

Trace **R r.** Write the letters.
Say the name for the picture. Listen to the first sound.
Circle **r** if the name for the picture begins the same as **rug.**

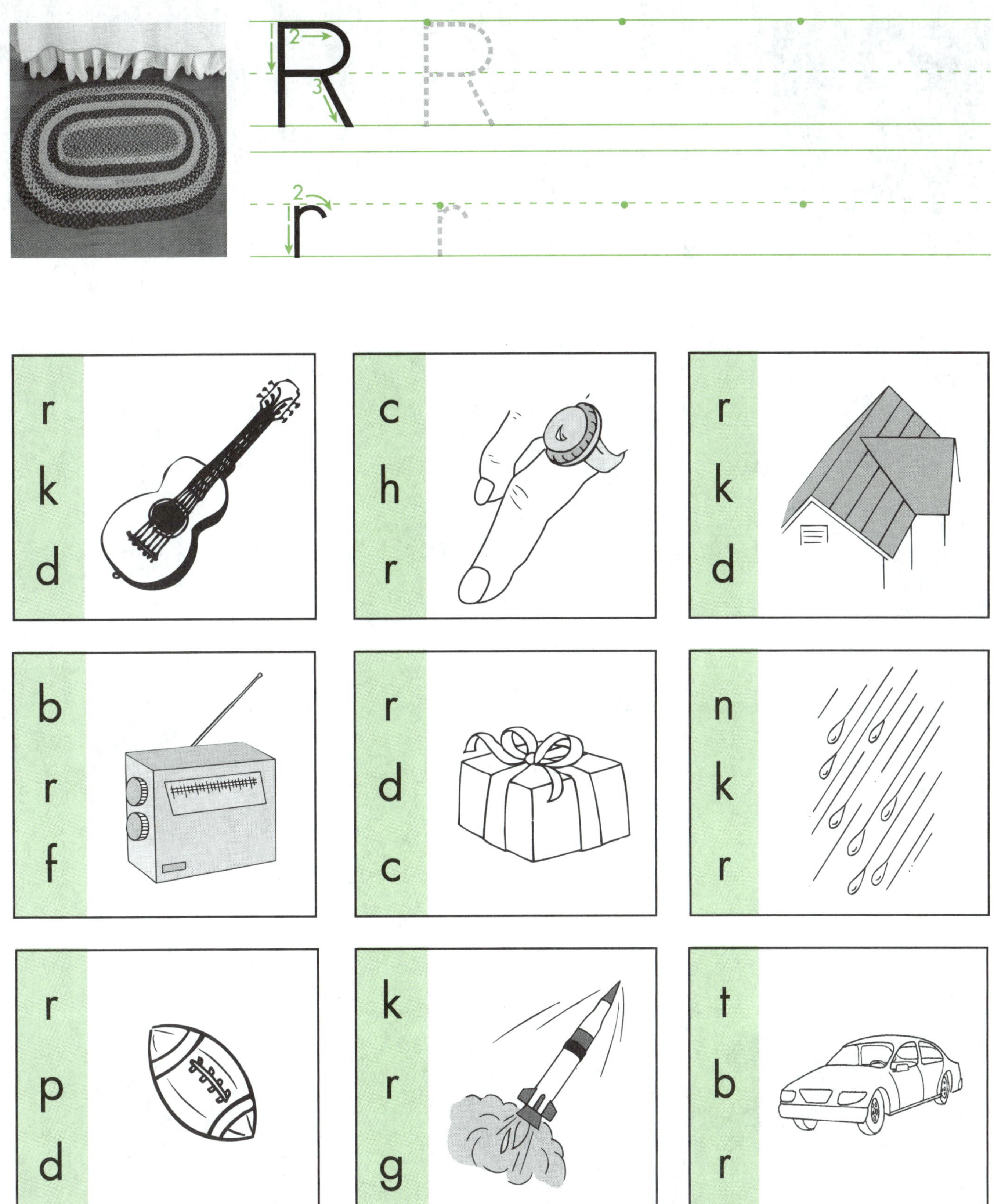

Trace **L l.** Write the letters.
Say the name for the picture. Listen to the first sound.
Circle **l** if the name for the picture begins the same as **lamp.**

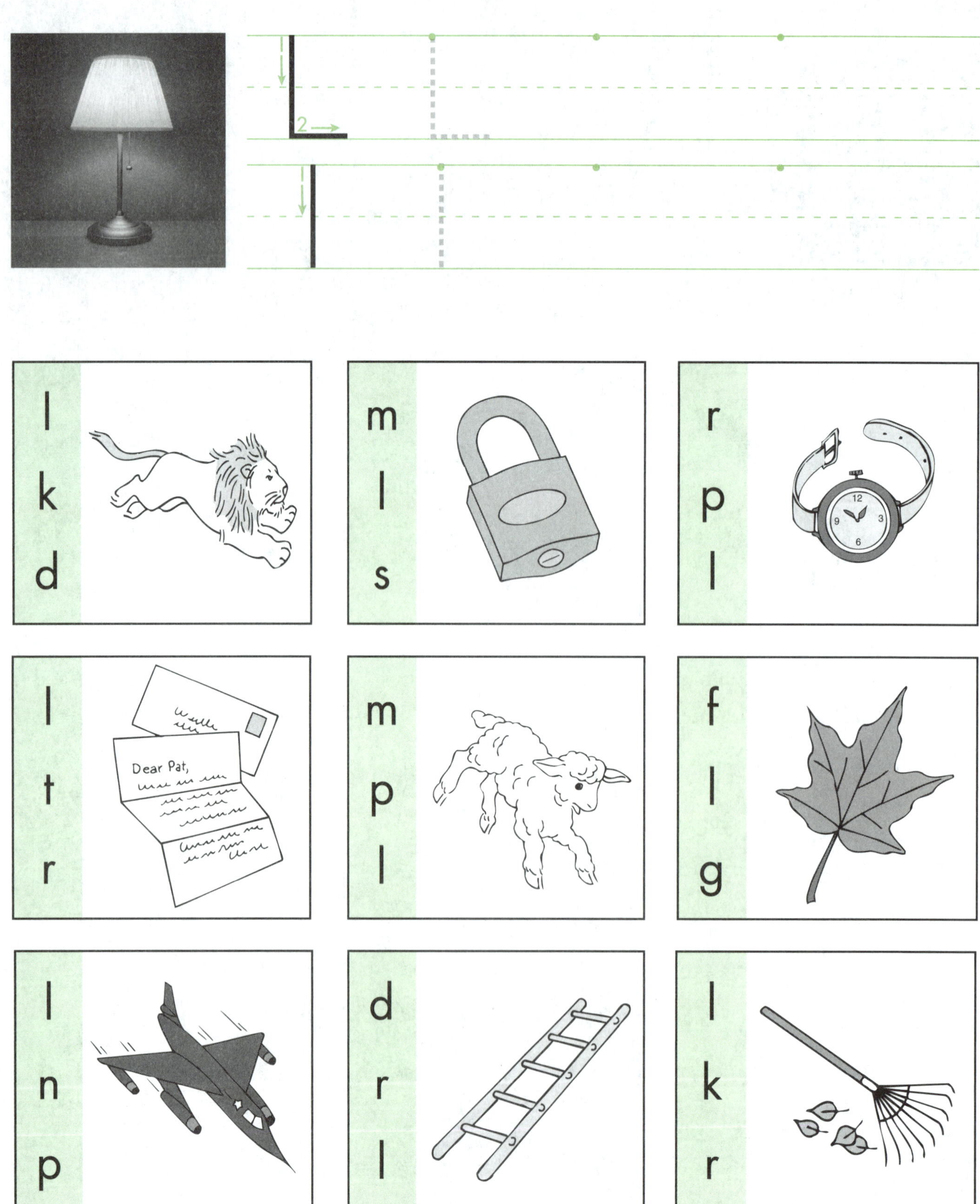

Trace **N n.** Write the letters.
Say the name for the picture. Listen to the first sound.
Circle **n** if the name for the picture begins the same as **nails.**

Trace **W w.** Write the letters.
Say the name for the picture. Listen to the first sound.
Circle **w** if the name for the picture begins the same as **watch.**

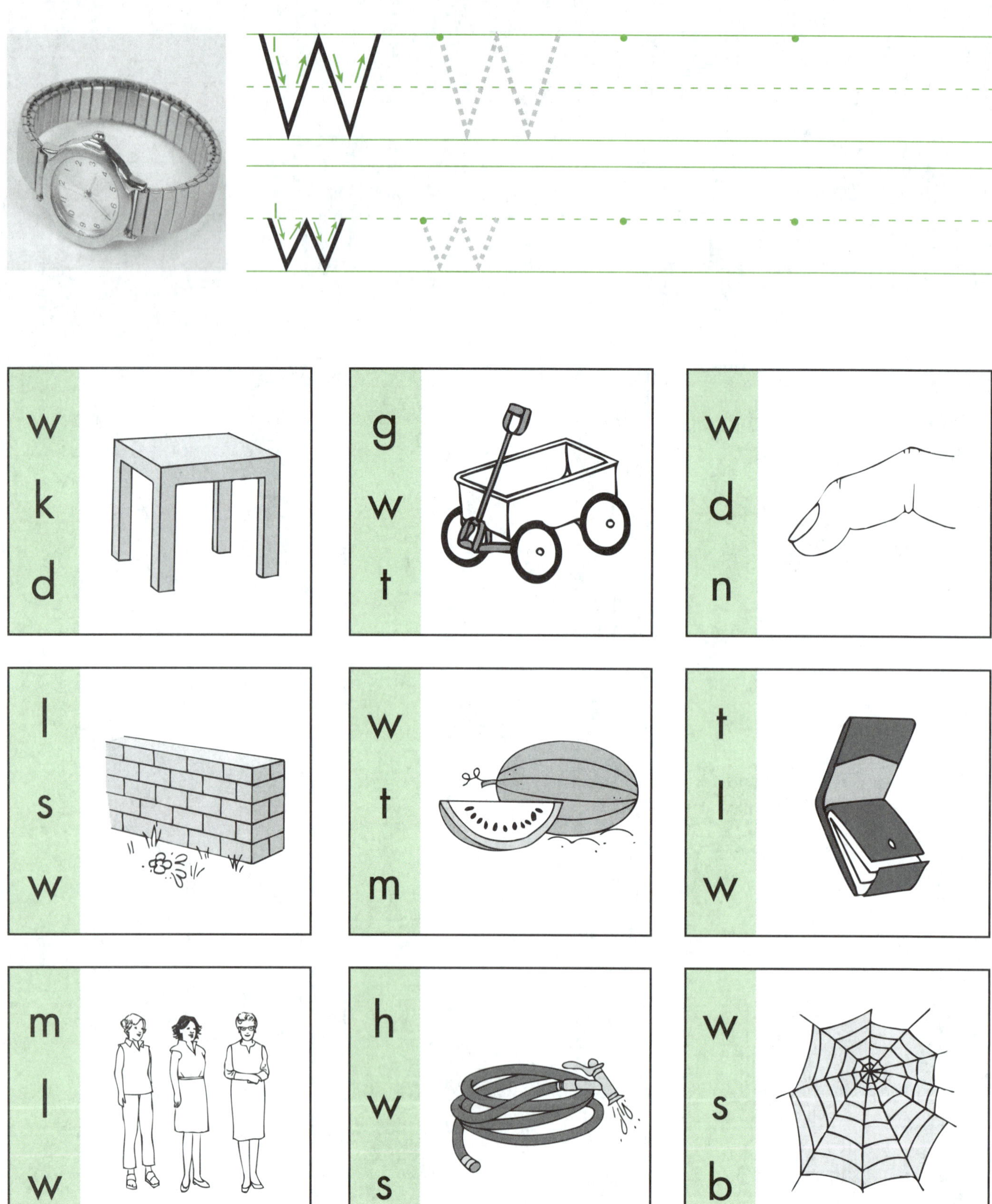

The letter **C c** has two sounds.
Listen to the first sound in the word **comb.** It sounds like **k** in **kite.**
Now listen to the first sound in the word **city.** It sounds like **s** in **sing.**
The letter **c** sounds like **k** before **a, o,** and **u.** It sounds like **s** before **e** and **i.**

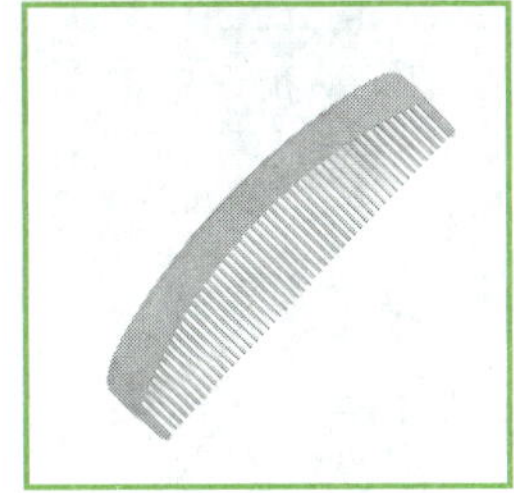

Say the name for each picture. Listen to the first sound.
Circle **k** if the picture name begins like **comb.**
Circle **s** if the picture name begins like **city.**

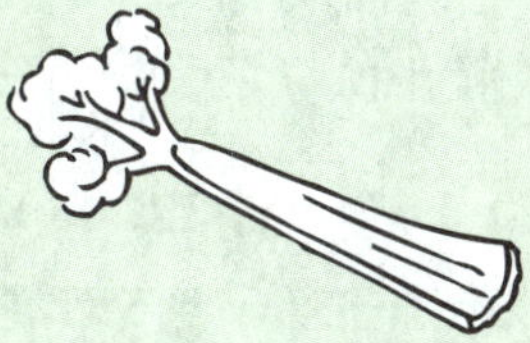

k s	k s	k s
k s	k s	 Crunchies k s
k s	k s	k s

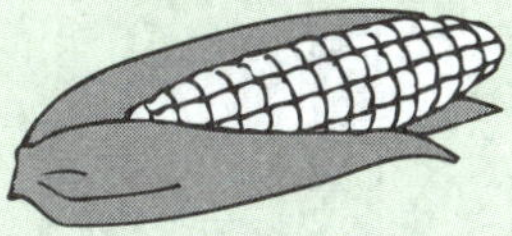

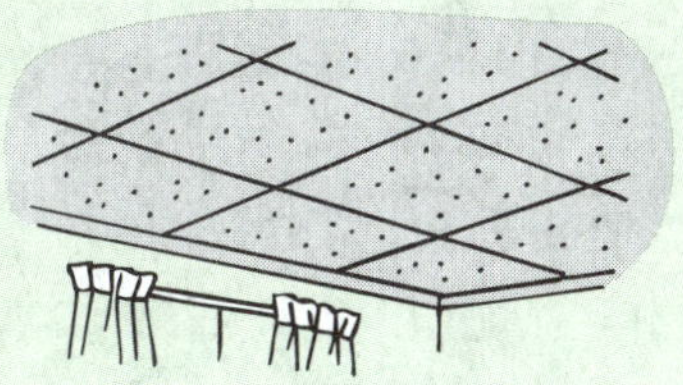

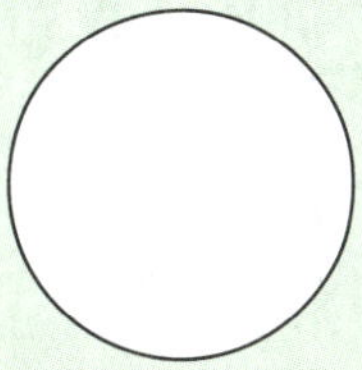

The letter **G g** has two sounds.
Listen to the first sound in the word **go.** It sounds like **g** in **gate.**
Now listen to the first sound in the word **gerbil.** It sounds like **j** in **jump.**
The letter **g** sounds like **g** before **a, o, u,** and sometimes **i.** It sometimes sounds like **j** before **e** and **i.**

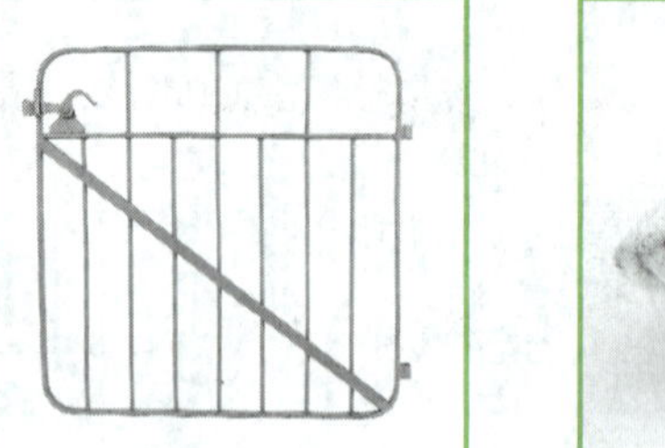

Say the name for each picture. Listen to the first sound.
Circle **g** if the picture name begins like **gate.**
Circle **j** if the picture name begins like **gerbil.**

g j	 g j	 g j
 g j	 g j	 g j
 g j	 g j	 g j

Circle the letter that stands for the sound you hear at the beginning of the picture name.

Trace **V v.** Write the letters.
Say the name for the picture. Listen to the first sound.
Write **v** under the pictures with names that begin the same as **vegetables.**

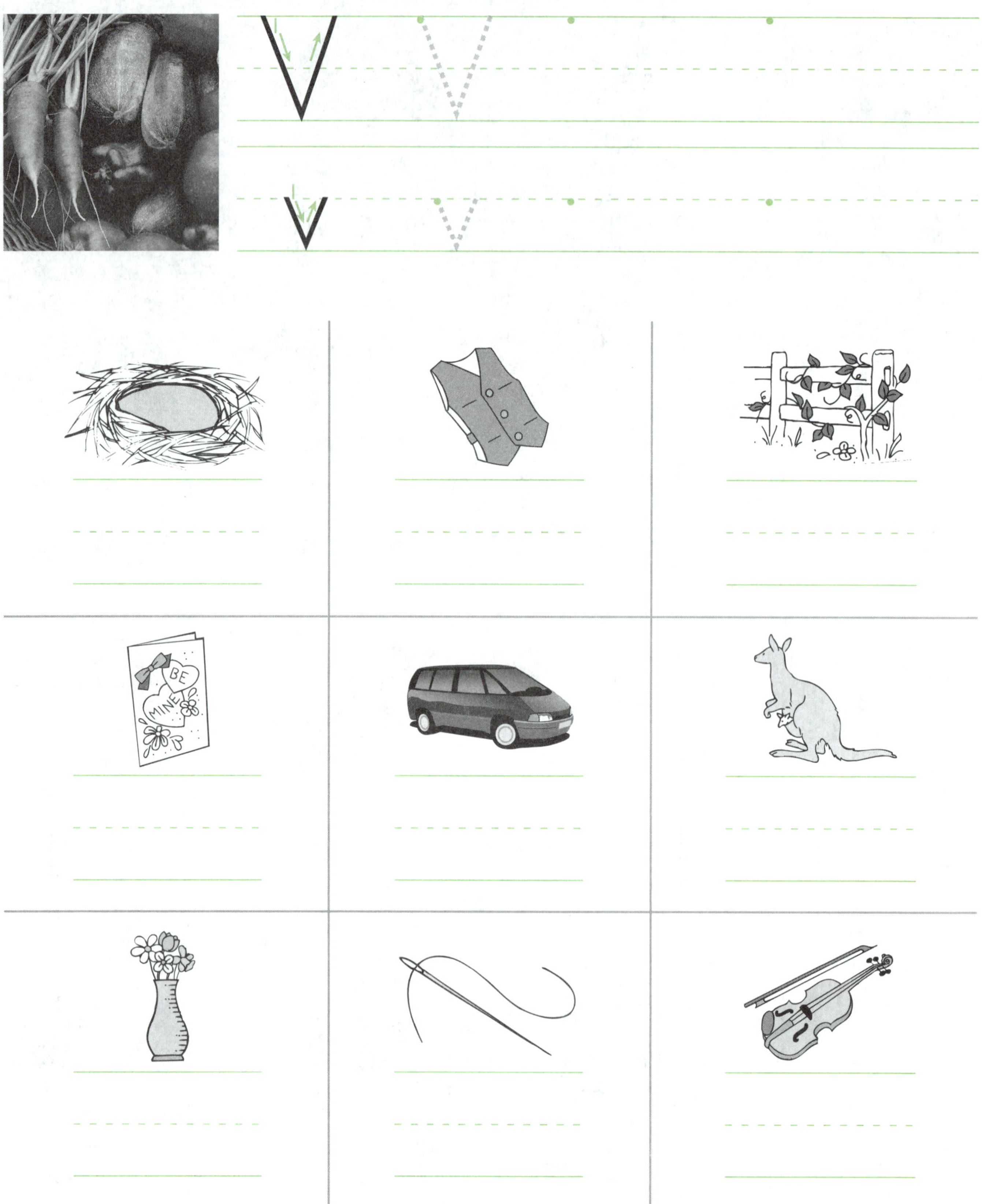

Trace **Y y.** Write the letters.
Say the name for the picture. Listen to the first sound.
Write **y** if the picture name begins the same as **yawn.**

Trace **Z z.** Write the letters.
Say the name for the picture. Listen to the first sound.
Write **z** if the picture name begins the same as **zebra.**

Write the small letter that stands for the sound you hear at the beginning of the picture name.

Trace the letters **A a.** Write the letters.
Say the name for the picture. Listen to the middle sound.
Circle the pictures with names that have the same middle sound as **fan.**

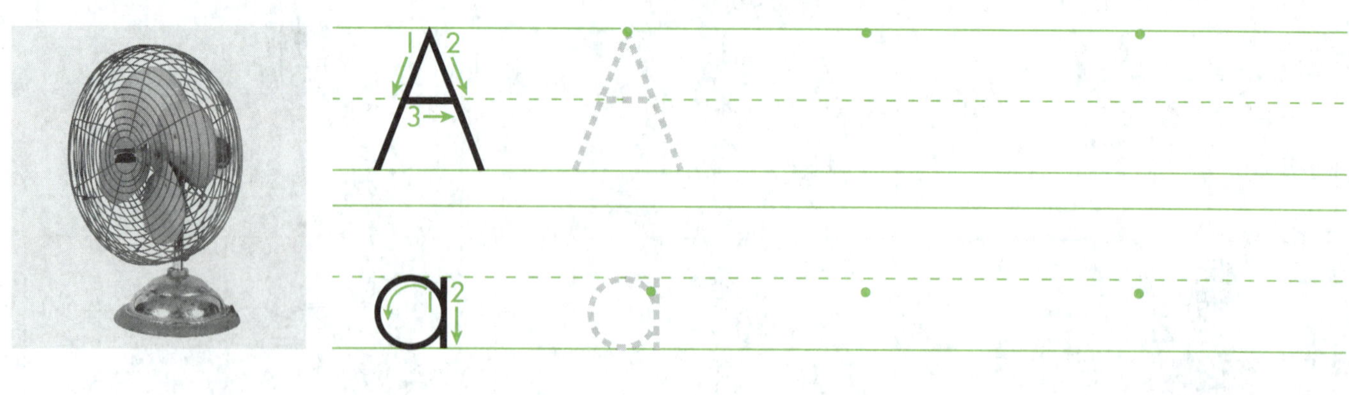

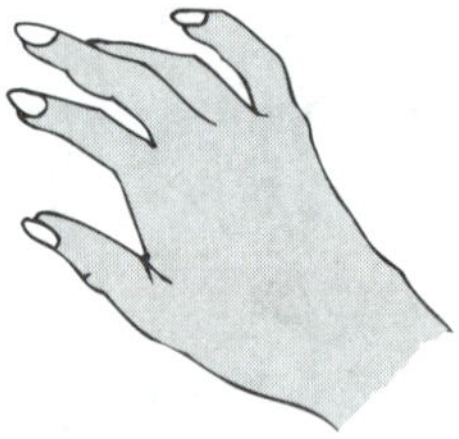

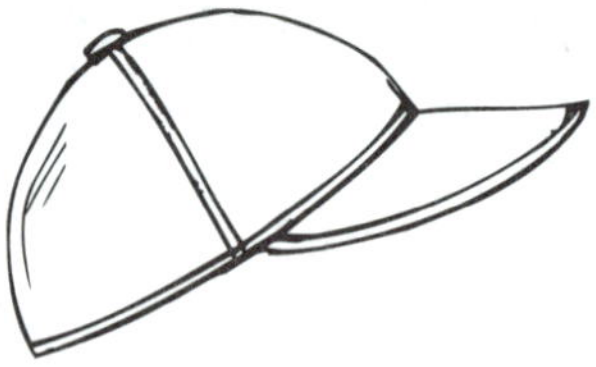

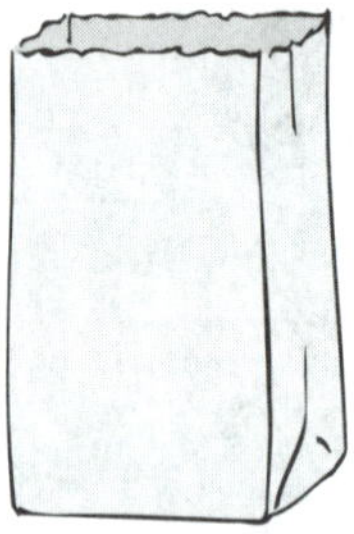

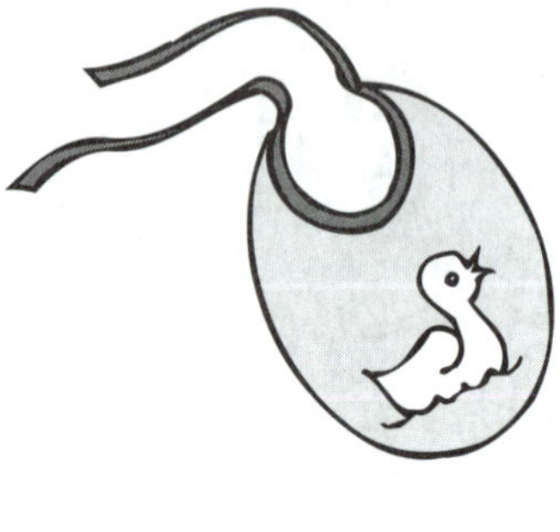

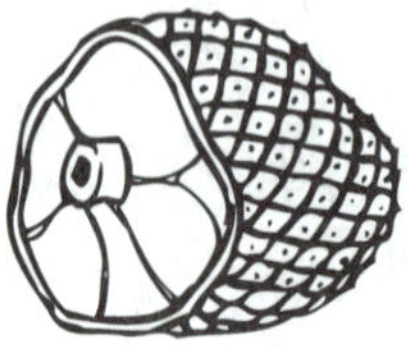

Trace the letters **E e.** Write the letters.
Say the name for the picture. Listen to the middle sound.
Circle the pictures with names that have the same middle sound as **ten.**

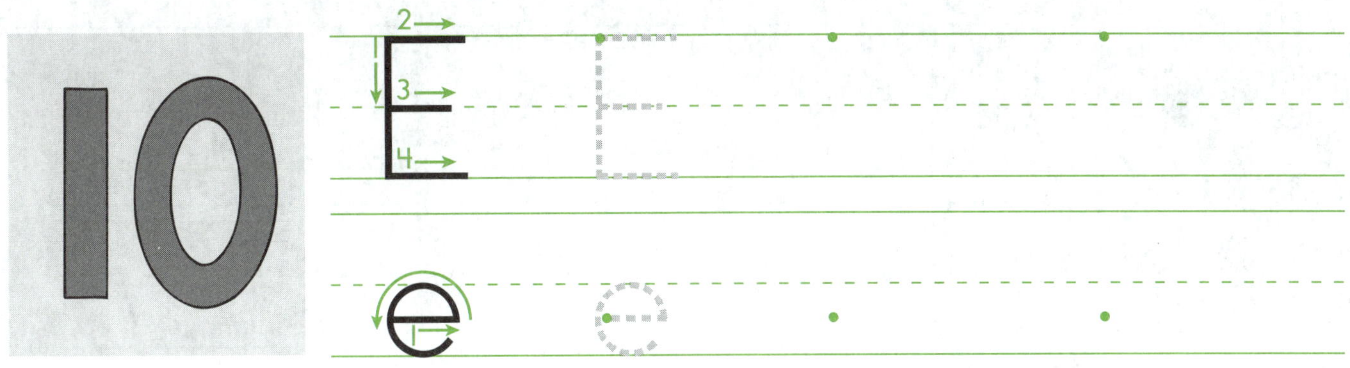

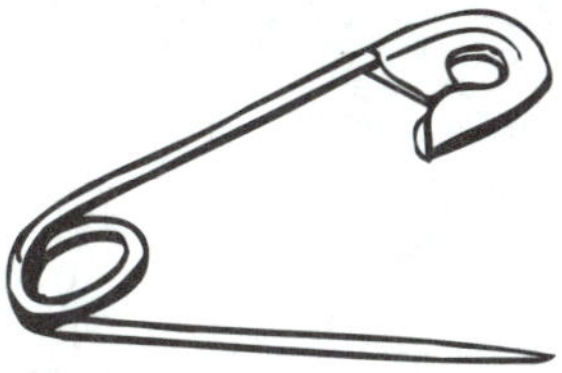

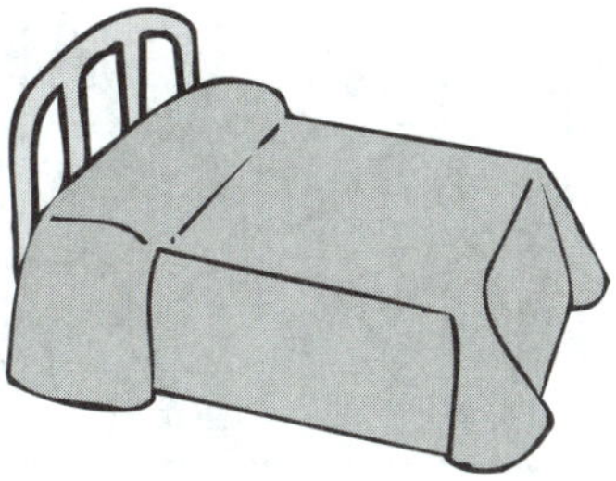

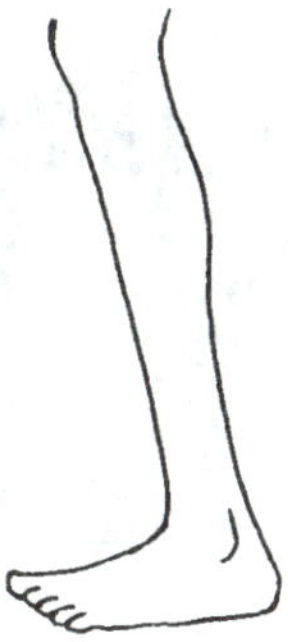

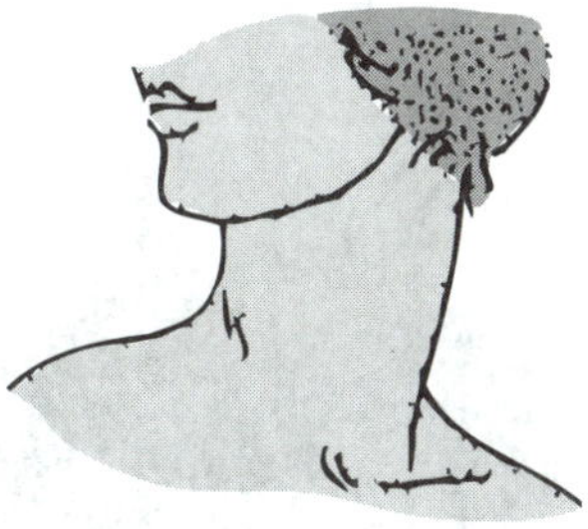

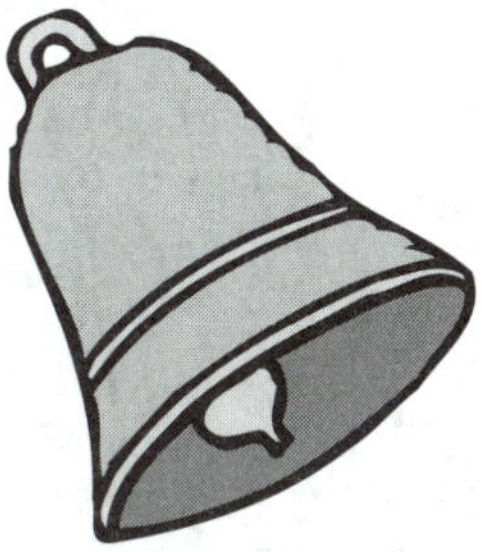

Trace the letters **I i.** Write the letters.
Say the name for the picture. Listen to the middle sound.
Circle the pictures with names that have the same middle sound as **six.**

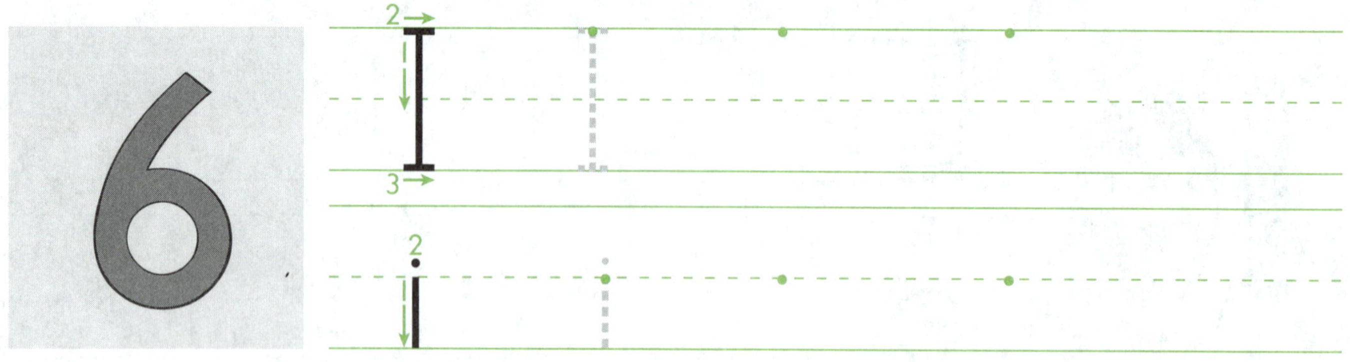

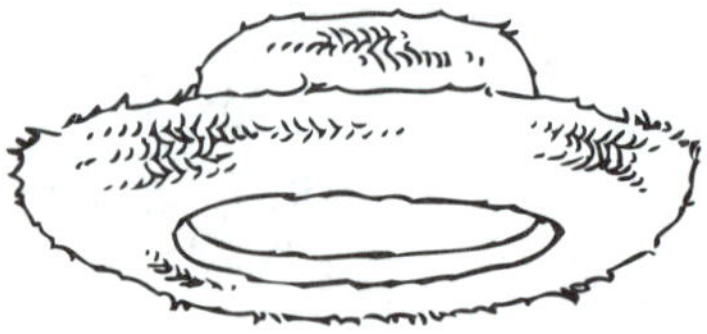

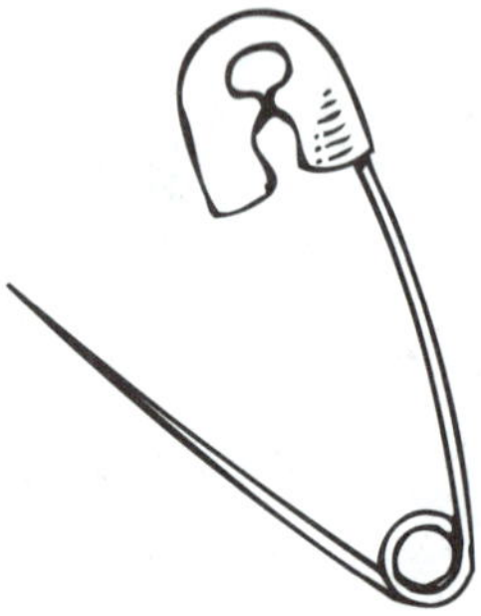

Trace the letters **O o.** Write the letters.
Say the name for the picture. Listen to the middle sound.
Circle the pictures with names that have the same middle sound as **mop.**

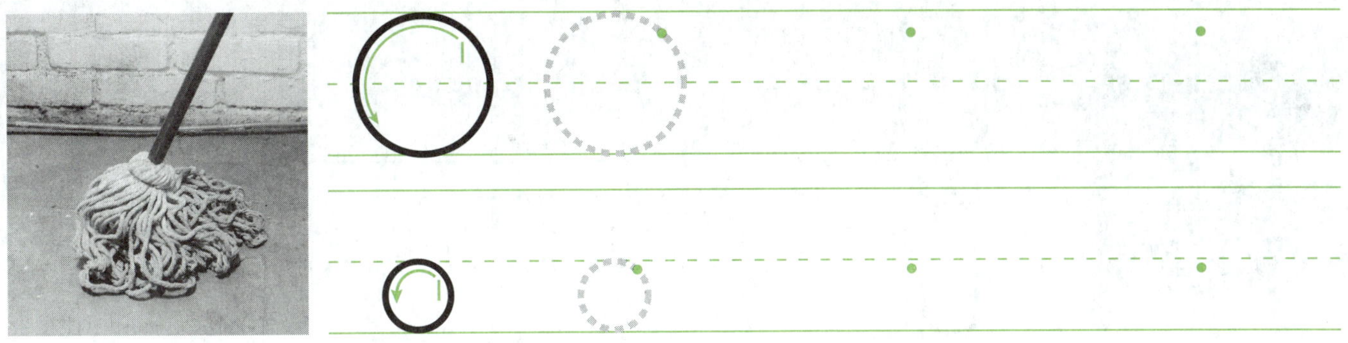

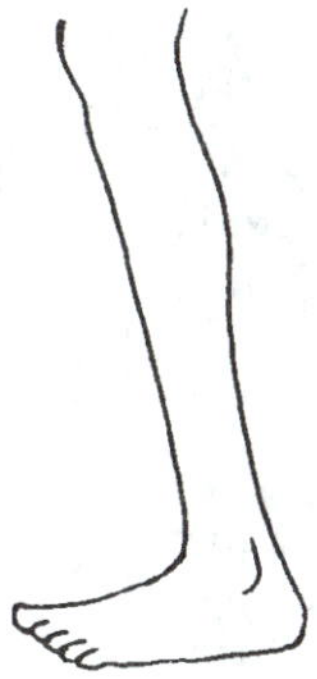

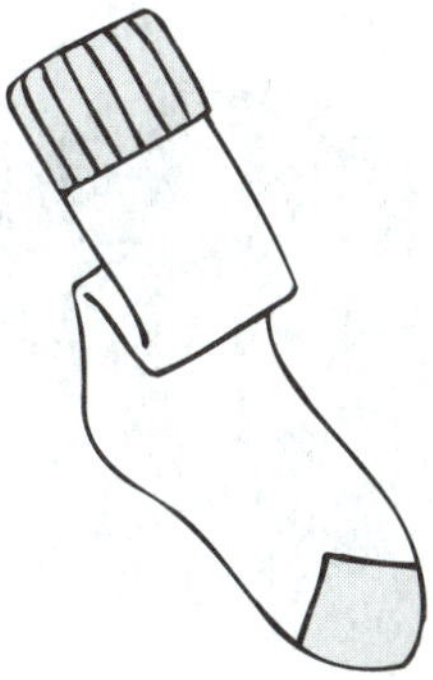

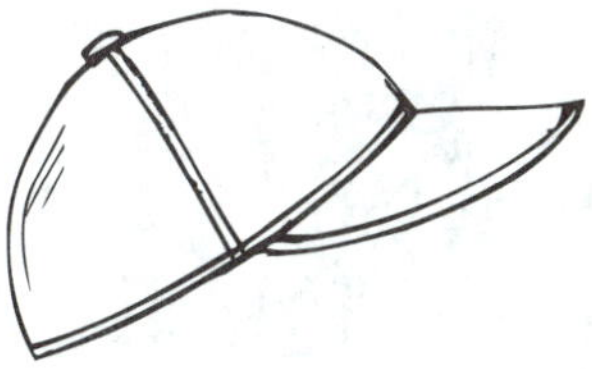

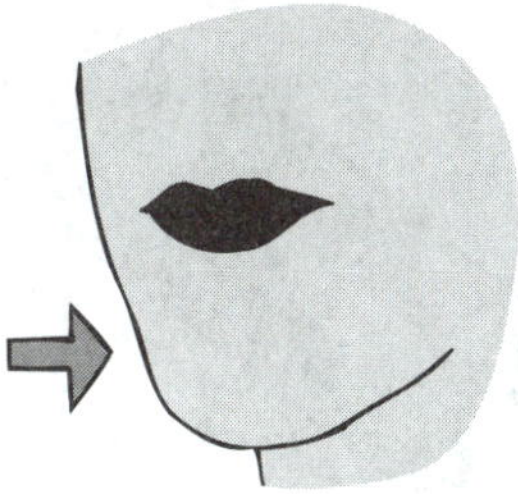

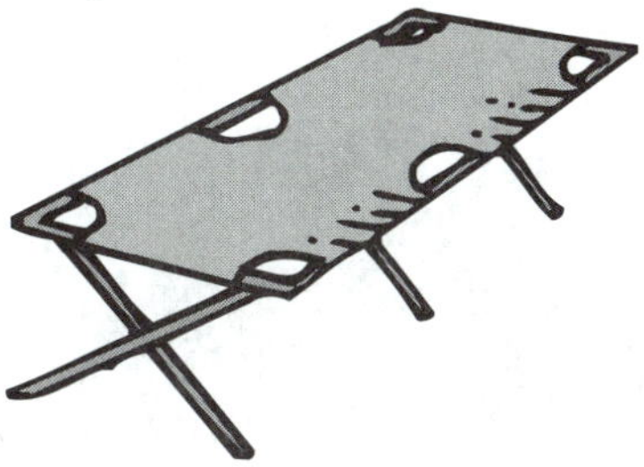

Trace the letters **U u.** Write the letters.
Say the name for the picture. Listen to the middle sound.
Circle the pictures with names that have the same middle sound as **bus.**

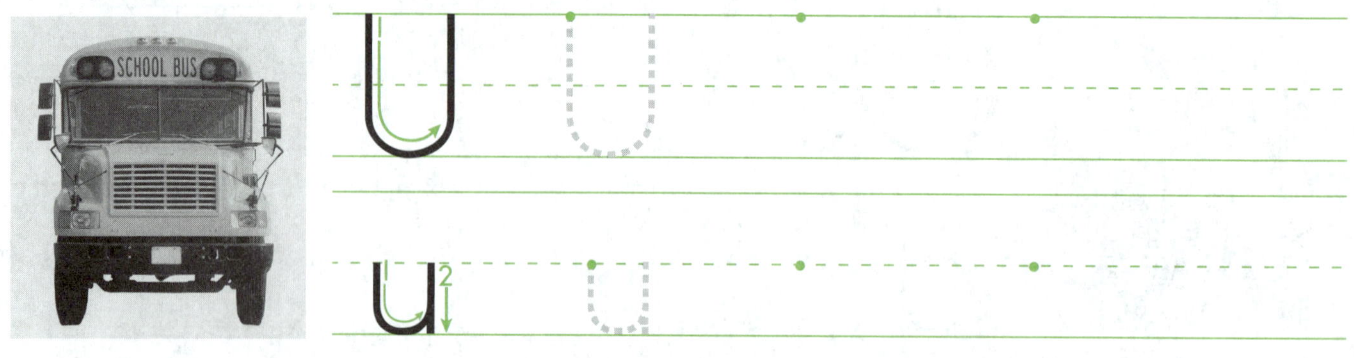

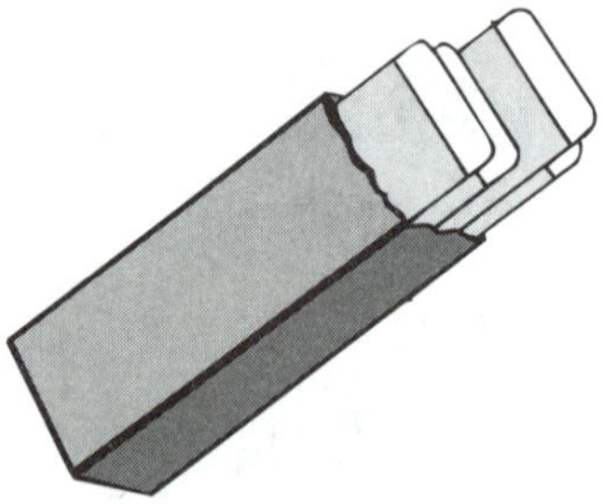

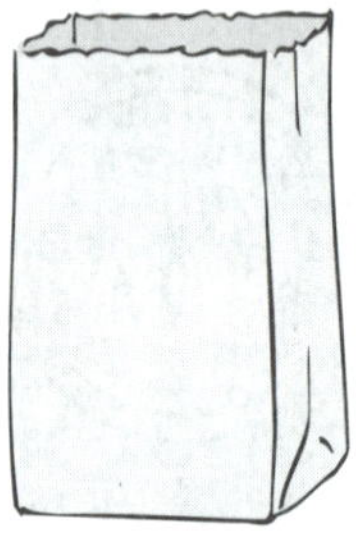

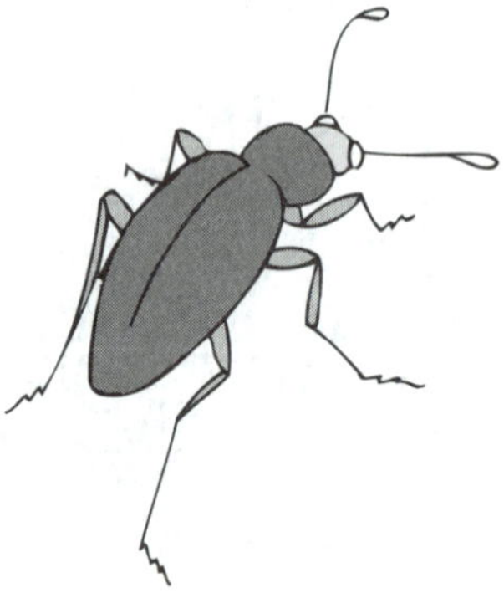

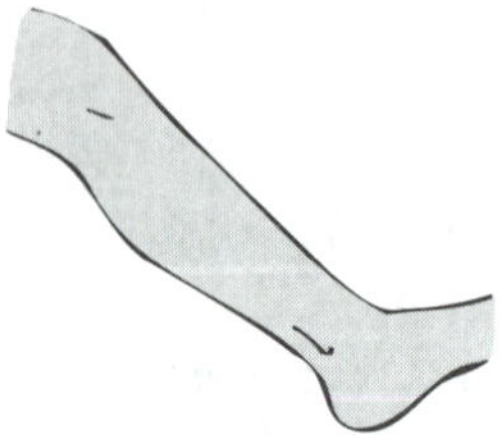

Circle the letter that stands for the sound you hear in the middle of the picture name.

Circle each picture whose name ends the same as **tub.**

t u b

Circle each picture whose name ends the same as **bat.**

b a t

Circle each picture whose name ends the same as **cup.**

c u p

The letter **s** can have two sounds at the end of a word.
Listen to the last sound in the word **bus.** It sounds like **s** in **socks.**
Now listen to **s** in **bees.** It sounds like **z** in **buzz.**

Write **s** under each picture whose name ends the same as **bus.**

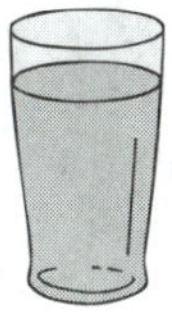

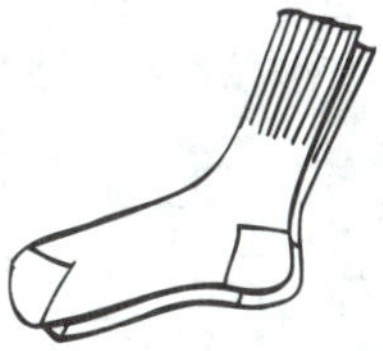

Say the name of the picture.
If it ends like **s** in **bees,** circle the picture.

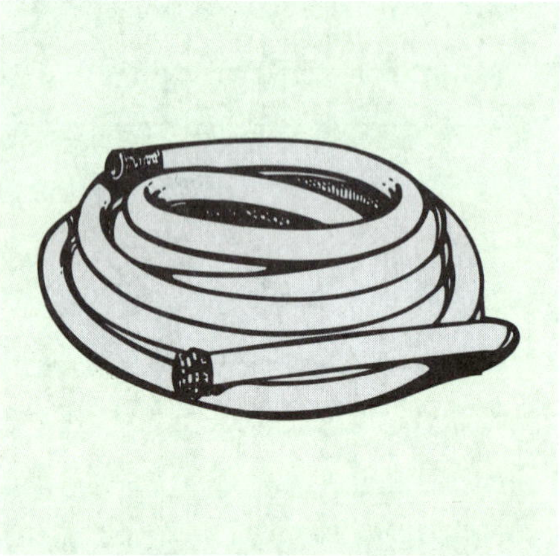

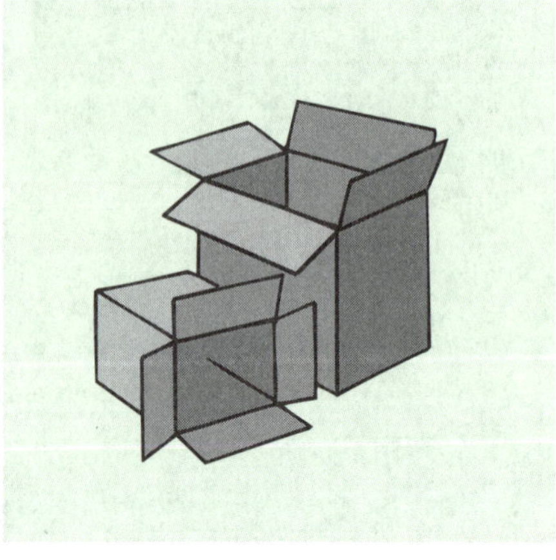

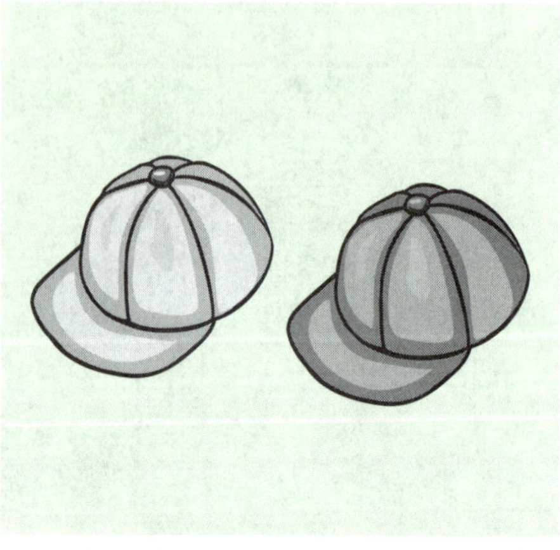

If the picture name ends the same as **bed,** write **d** under the picture.
If the picture name ends the same as **tail,** write **l.**

If the picture name ends the same as **leaf,** write **f** under the picture.
If the picture name ends the same as **rug,** write **g.**

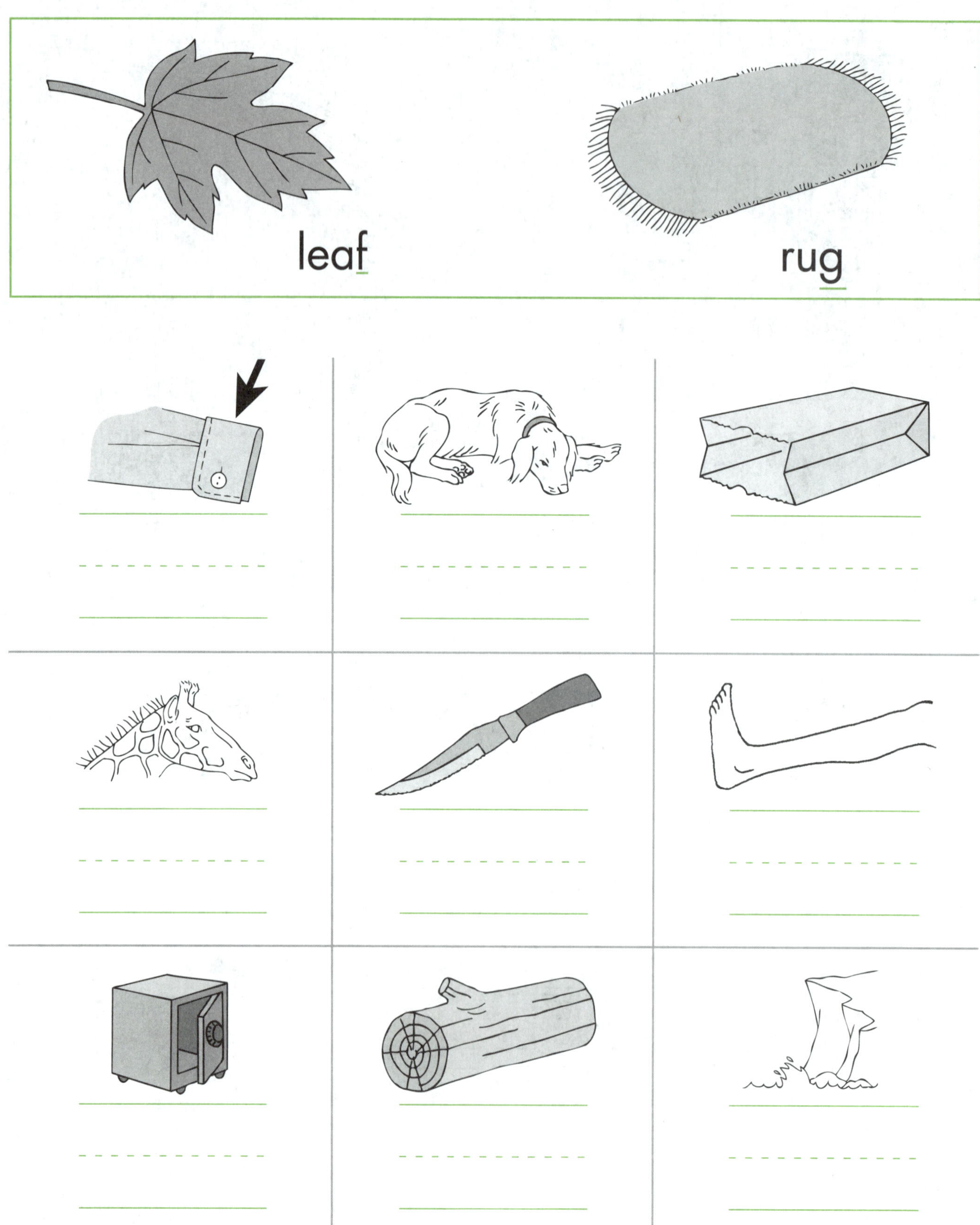

If the picture name ends the same as **gum,** write **m** under the picture.
If the picture name ends the same as **fan,** write **n.**

If the picture name ends the same as **car,** write **r** under the picture.
If the picture name ends the same as **six,** write **x.**

If the picture name ends the same as **bike,** write **k** under the picture.
If the picture name ends the same as **wave,** write **v.**

Circle the letter that stands for the sound you hear at the end of the picture name.

	b g p		t f m	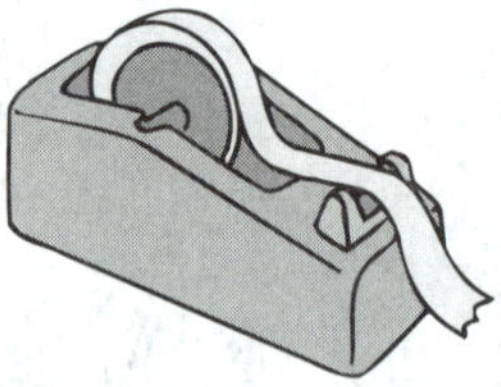	b p d
	f t r		s /z/ x b	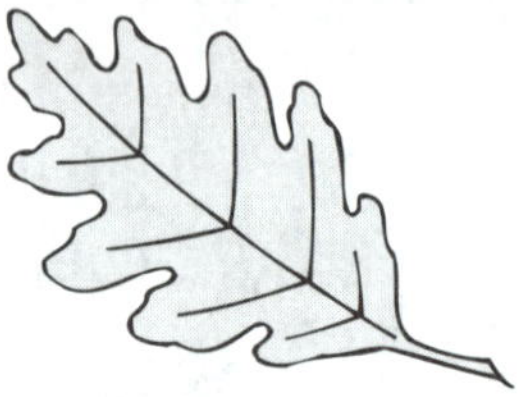	f l p
	p g b	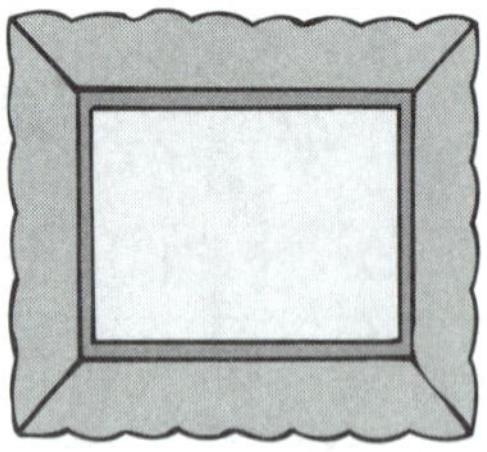	n f m	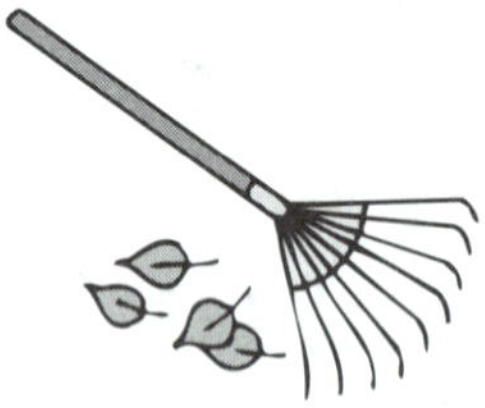	s k r
	r g k	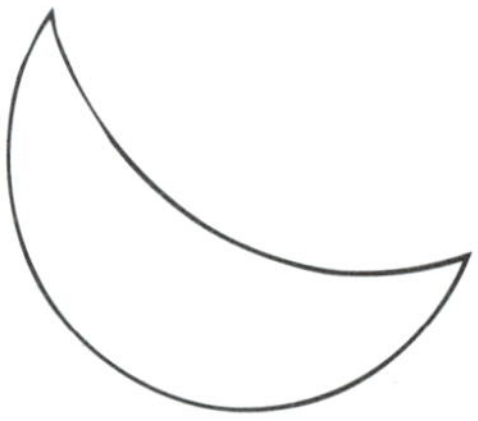	n m p	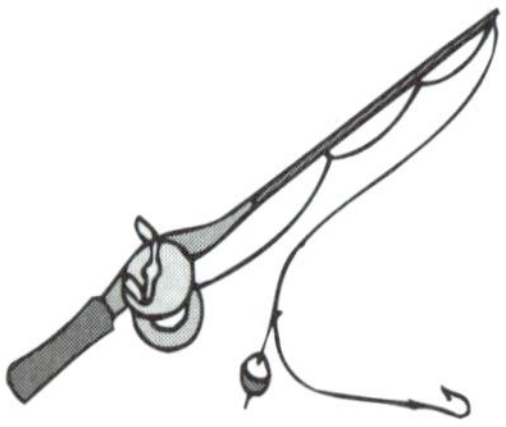	d p b
	x f s /z/		s x s /z/		f l s

Say the name for the picture.
Write the letter to finish the picture name.

Say the name for the picture.
Write the letter to finish the picture name.

Write the picture name.

The letter **A a** has more than one sound.
Say the word **fan.** Listen to the middle sound. Now say the word **face.**
Listen to the middle sound. It is not the same as the middle sound in **fan.**

Say the name for each picture. Listen to the middle sound.
Circle **a-e** if it sounds like **a** in **face.**
Circle **a** if it sounds like **a** in **fan.**

a a-e

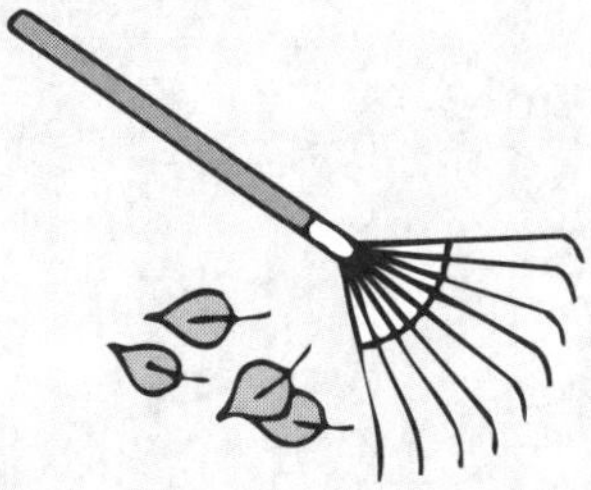

a a-e

a a-e

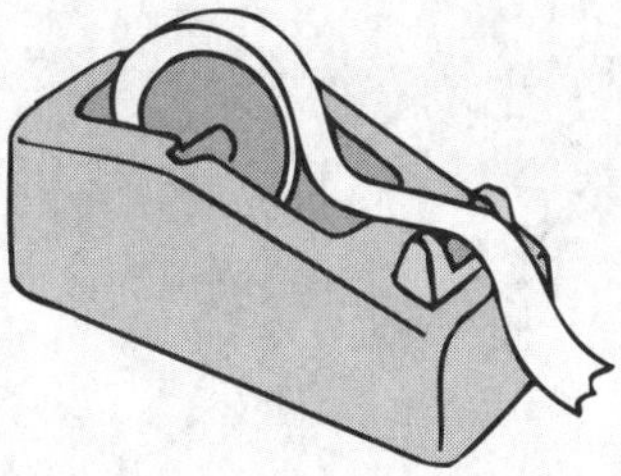

a a-e

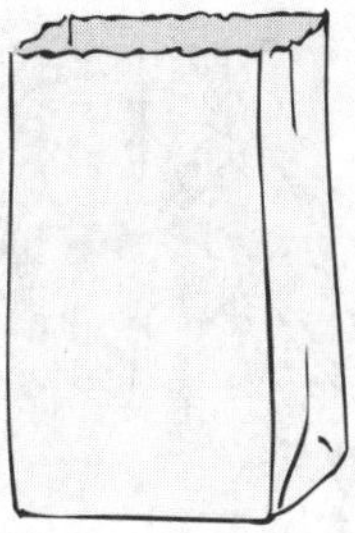

a a-e

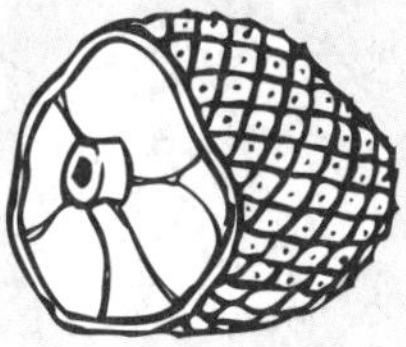

a a-e

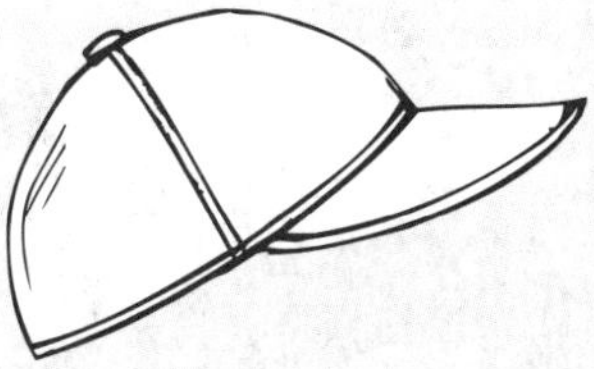

a a-e

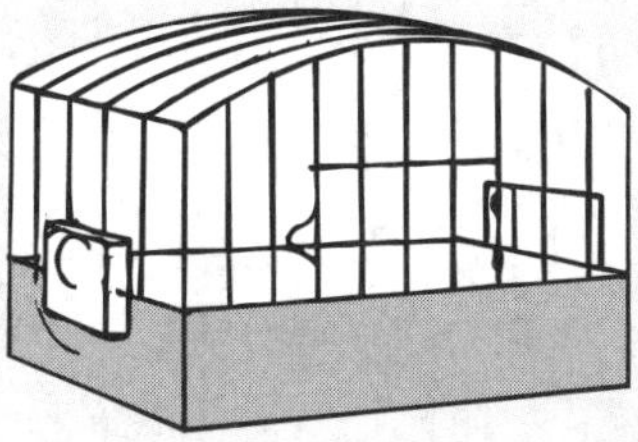

a a-e

a a-e

The letter **E e** has more than one sound.
Say the word **ten.** Listen to the middle sound. Now say the word **seed.**
Listen to the middle sound. It is not the same as the middle sound in **ten.**

Say the name for each picture. Listen to the middle sound.
Circle **ee** if it sounds like **e** in **seed.**
Circle **e** if it sounds like **e** in **ten.**

e ee	e ee	e ee
e ee	e ee	e ee
e ee	e ee	e ee

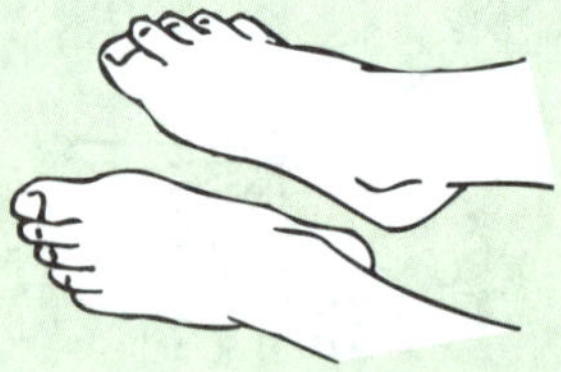

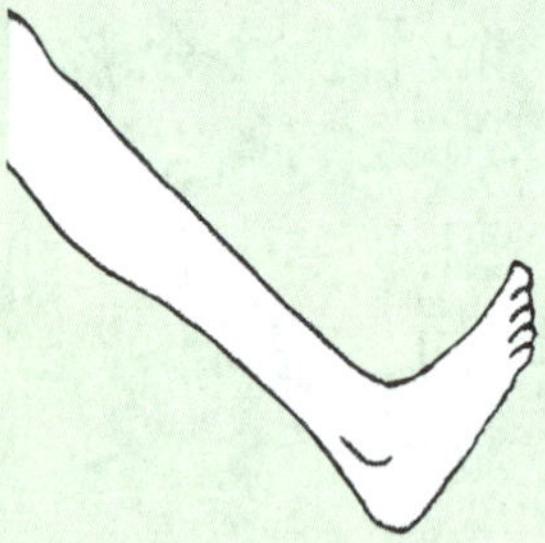

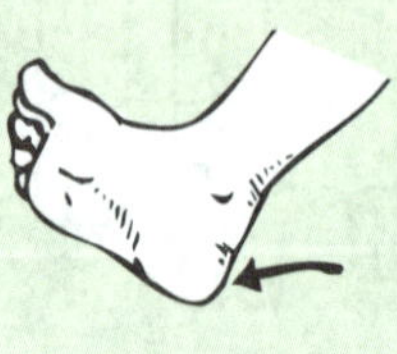

The letter **I i** has more than one sound.
Say the word **kit.** Listen to the middle sound. Now say the word **kite.**
Listen to the middle sound. It is not the same as the middle sound in **kit.**

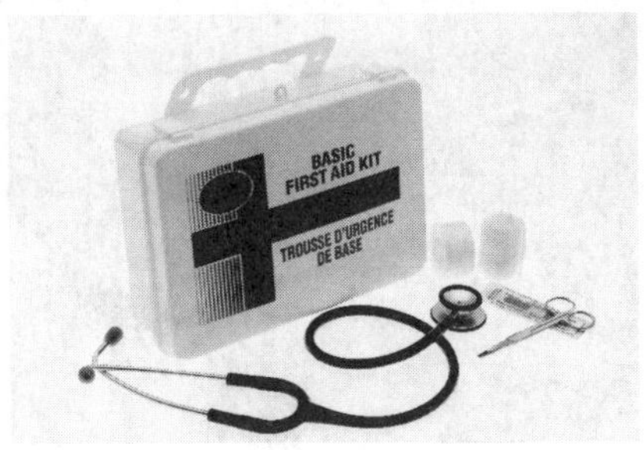

Say the name for each picture. Listen to the middle sound.
Circle **i-e** if it sounds like **i** in **kite.**
Circle **i** if it sounds like **i** in **kit.**

i i-e	i i-e	i i-e
i i-e	i i-e	i i-e
i i-e	i i-e	i i-e

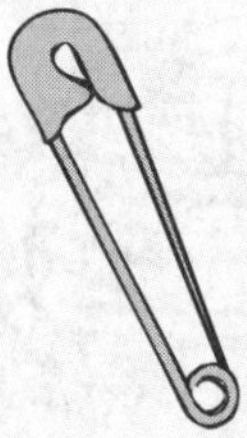

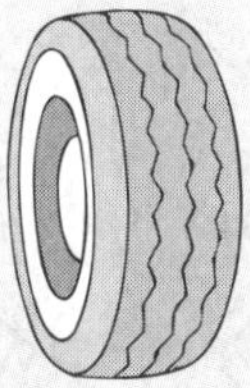

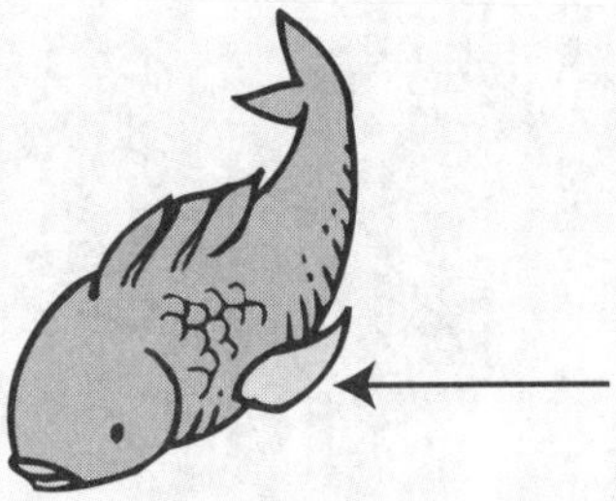

The letter **O o** has more than one sound.
Say the word **rock.** Listen to the middle sound. Now say the word **rose.**
Listen to the middle sound. It is not the same as the middle sound in **rock.**

Say the name for each picture. Listen to the middle sound.
Circle **o-e** if it sounds like **o** in **rose.**
Circle **o** if it sounds like **o** in **rock.**

o o-e	o o-e	o o-e
o o-e	o o-e	o o-e
o o-e	o o-e	o o-e

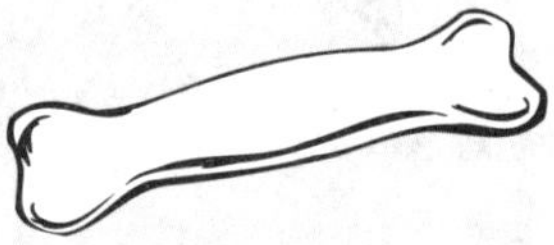

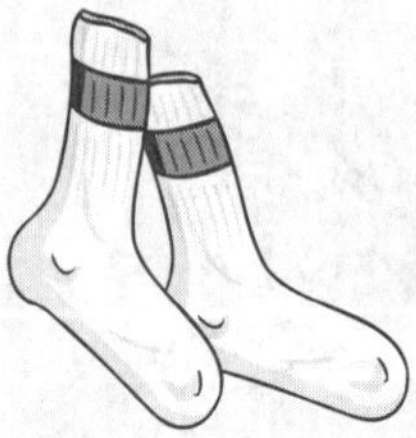

The letter **U u** has more than one sound.
Say the word **cub.** Listen to the middle sound. Now say the word **cube.**
Listen to the middle sound. It is not the same as the middle sound in **cub.**

Say the name for each picture. Listen to the middle sound.
Circle **u-e** if it sounds like **u** in **cube.**
Circle **u** if it sounds like **u** in **cub.**

u u-e	u u-e	u u-e
u u-e	u u-e	u u-e
u u-e	u u-e	u u-e

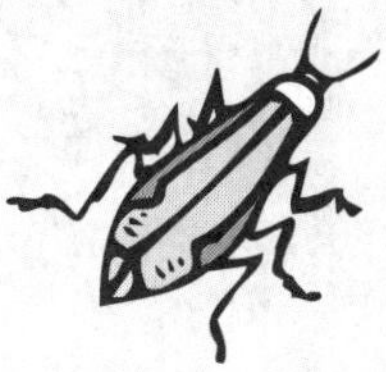

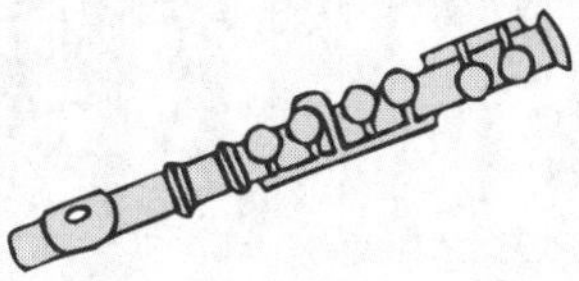

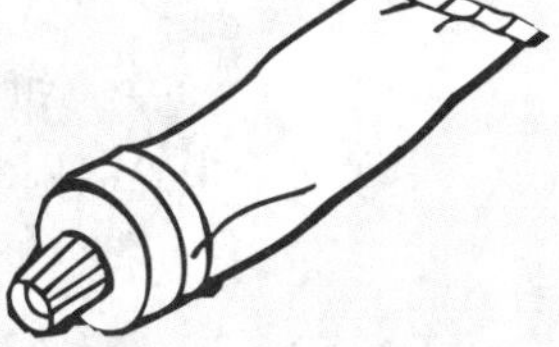

Circle the letter or letters that stand for the sound you hear in the middle of each picture name.

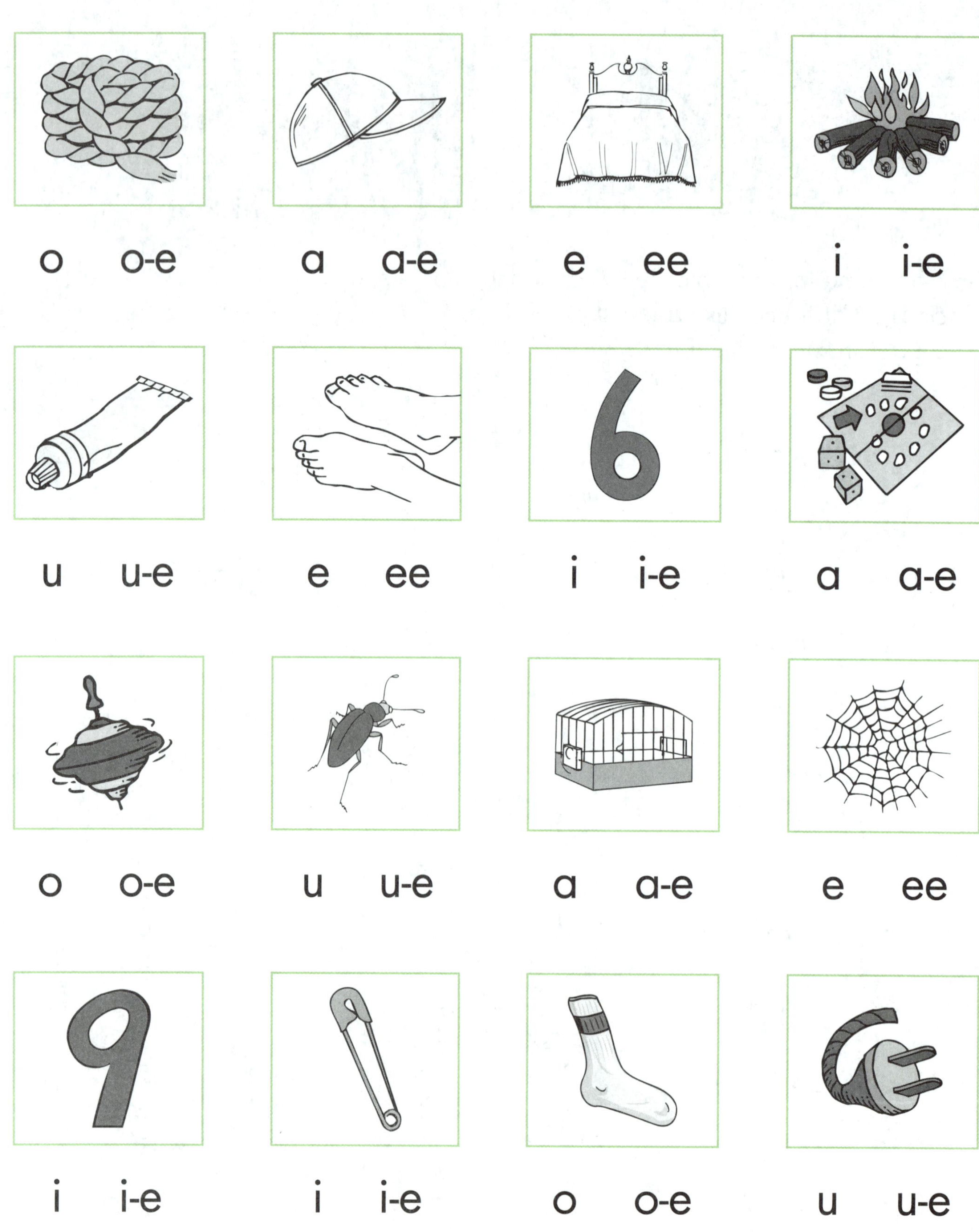

Write **b** under each picture whose name has the sound of **b** in the middle.

Write **l** under each picture whose name has the sound of **l** in the middle.

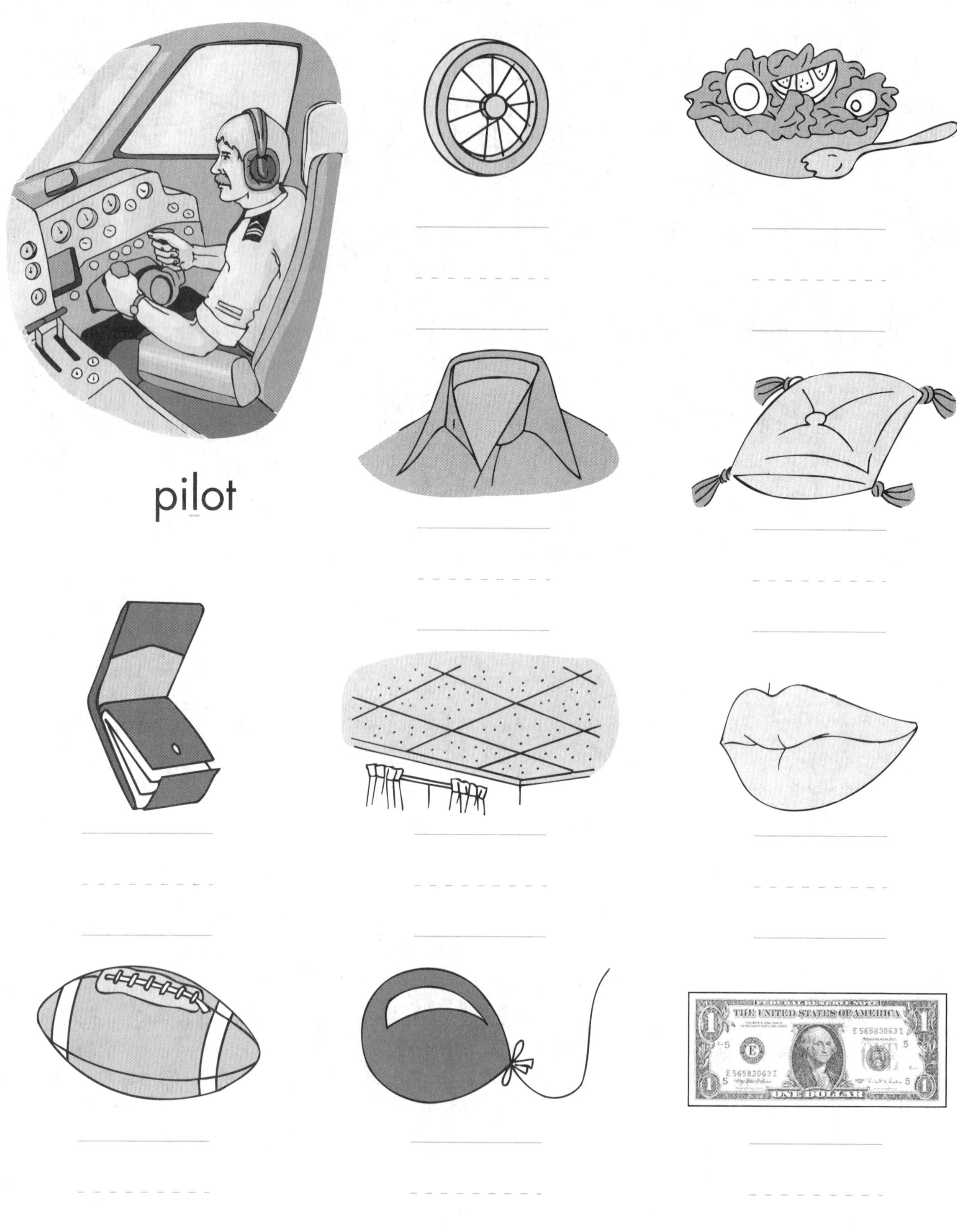

Write **n** if the picture name has the sound of **n** in the middle.
Write **v** if the picture name has the sound of **v** in the middle.

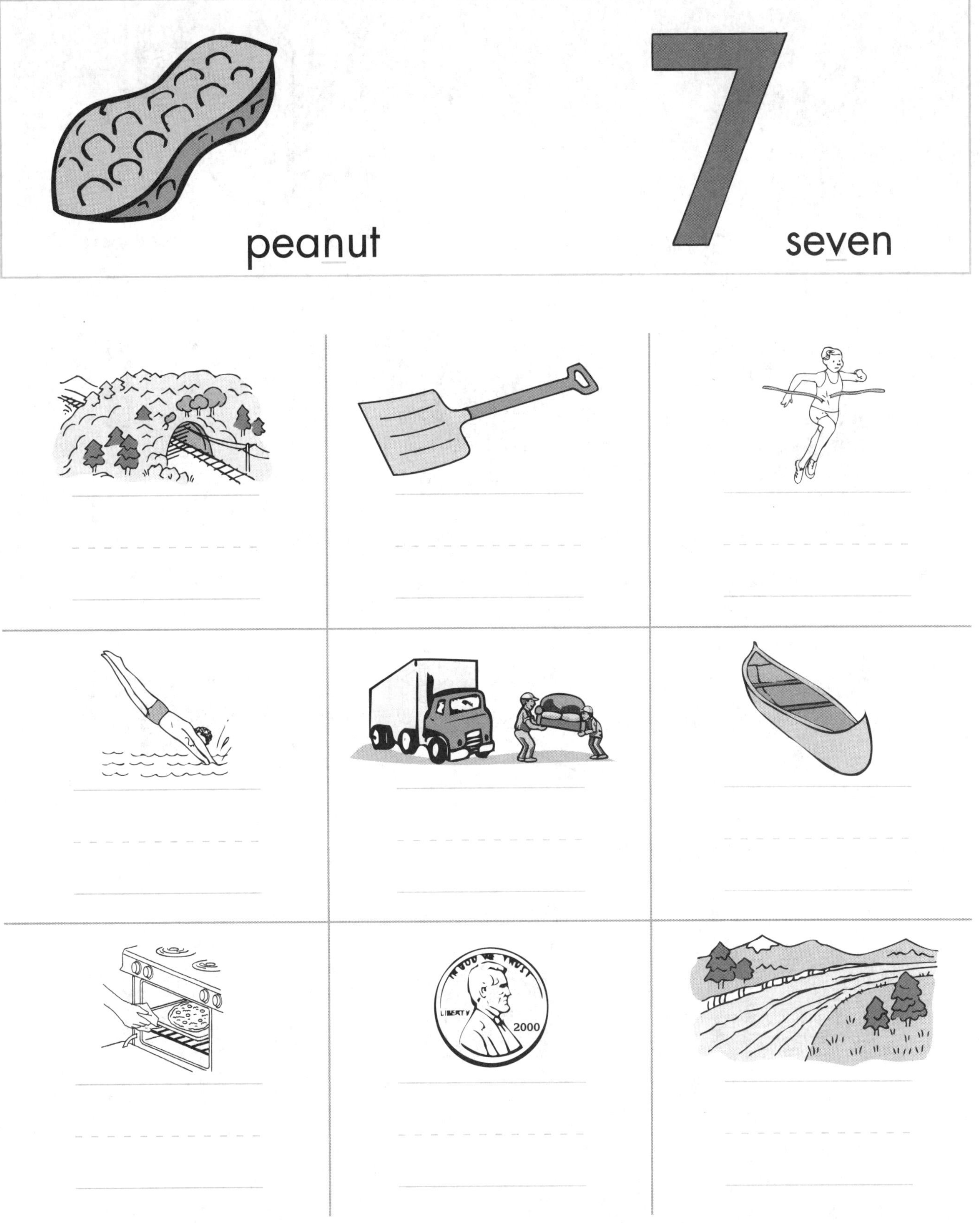

Write **d** if the picture name has the sound of **d** in the middle.
Write **k** if the picture name has the sound of **k** in the middle.

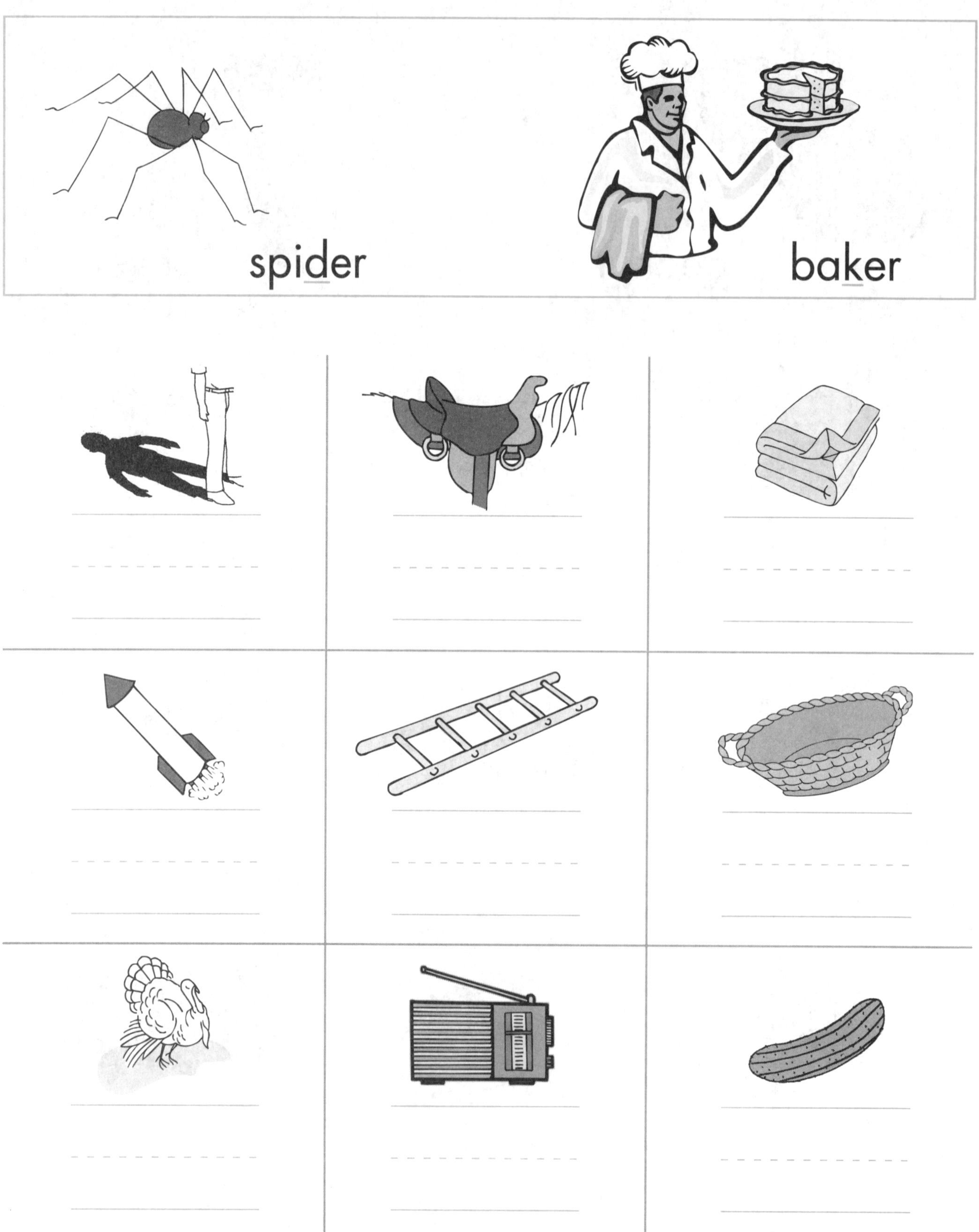

Write **g** if the picture name has the sound of **g** in the middle.
Write **p** if the picture name has the sound of **p** in the middle.
Write **t** if the picture name has the sound of **t** in the middle.

Circle the letter that stands for the sound you hear in the middle of the picture name.

Write the letter that stands for the sound you hear in the middle of the picture name.

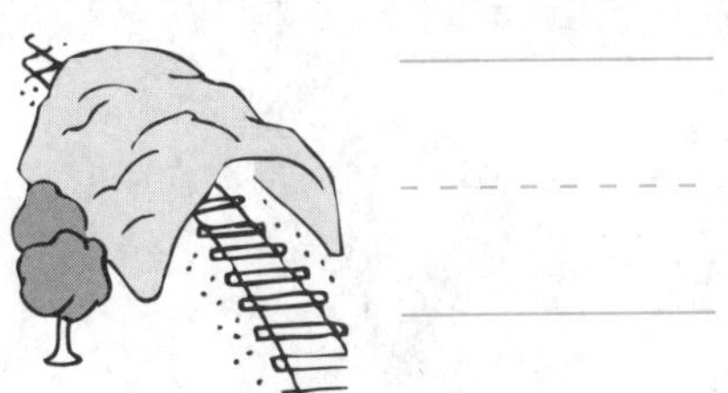

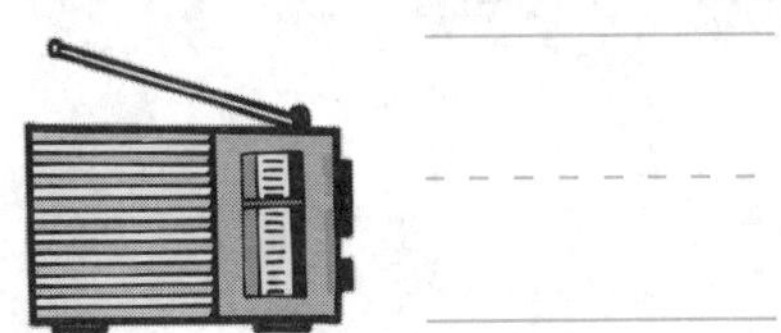

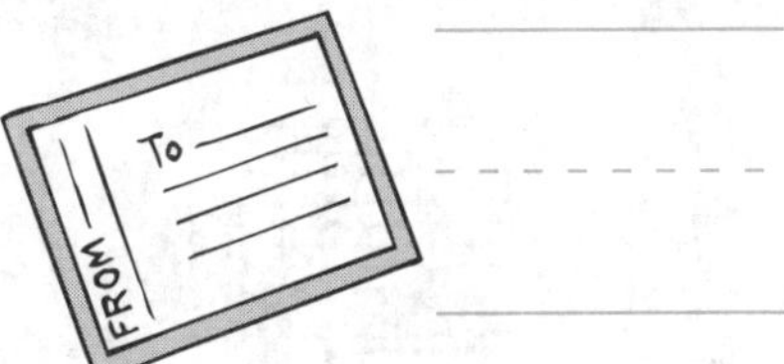

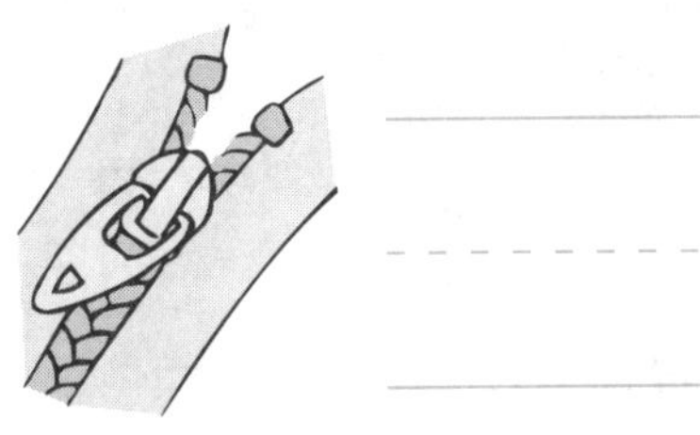

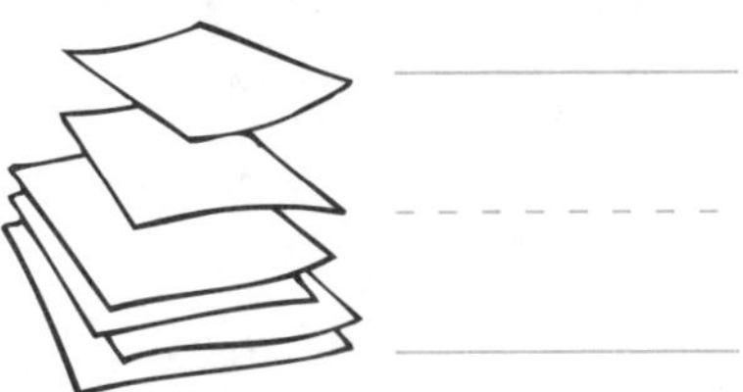

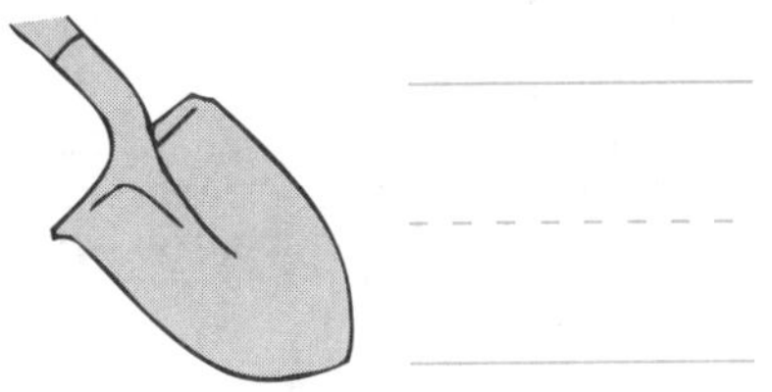

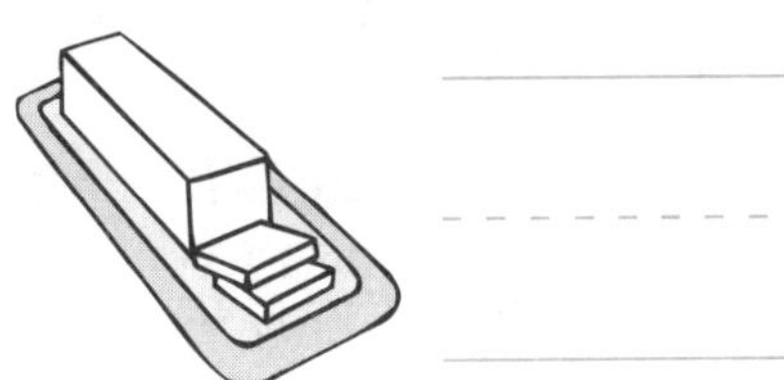

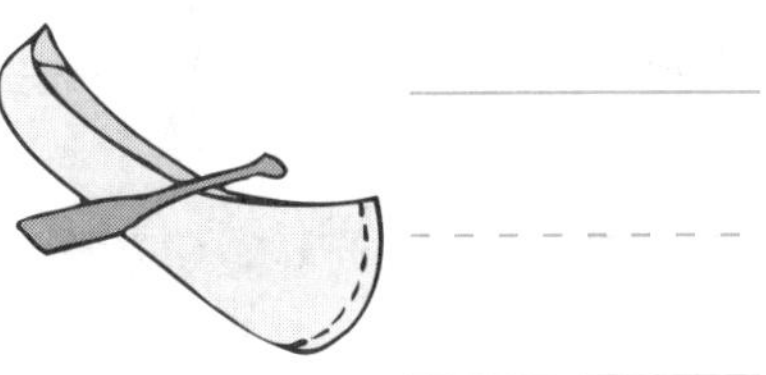

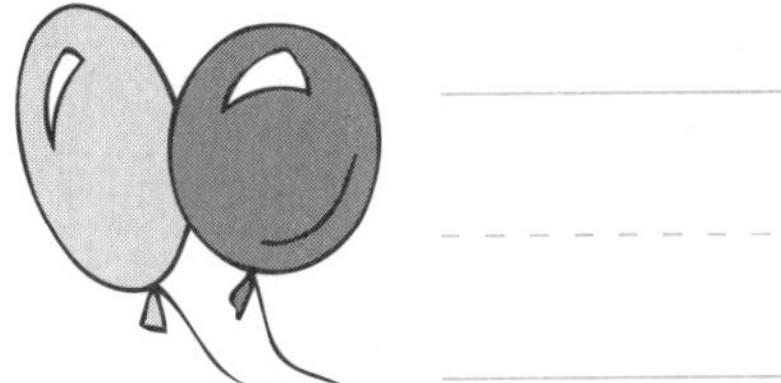

Say the name for the picture.
Write the letters to finish the picture name.

Say the name for the picture.
Write the letter to finish the picture name.

Write the picture name.

Trace **tr** under the picture of the **tree.**
Write **tr** under each picture whose name begins the same as **tree.**

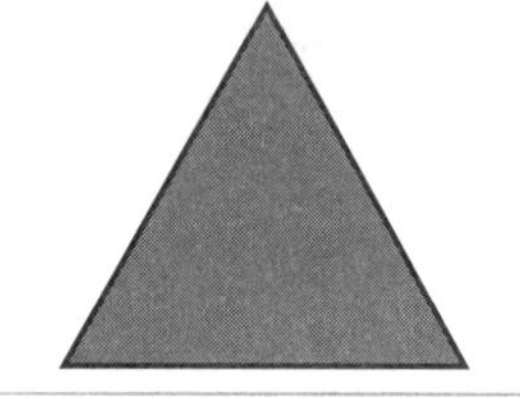

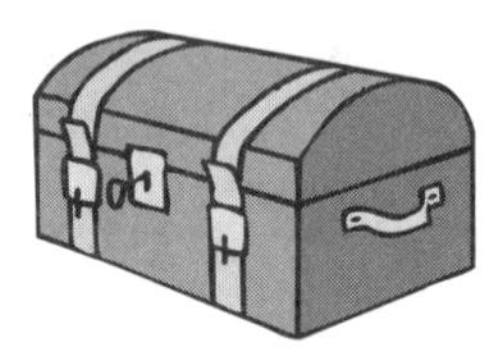

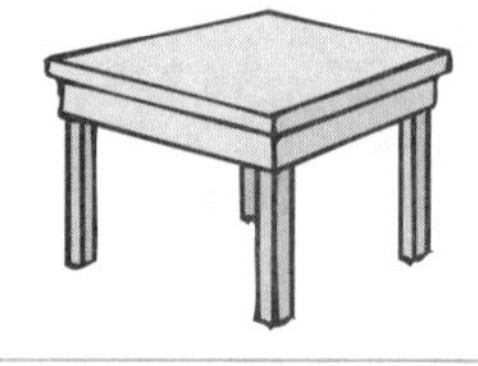

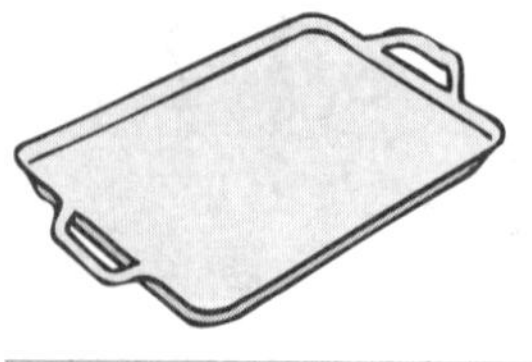

Trace **cr** under the picture of the **crown** and **gr** under the picture of the **grapes.**
Write **cr** under each picture whose name begins the same as **crown.**
Write **gr** under each picture whose name begins the same as **grapes.**

Trace **br** under the picture of the **brush, pr** under the **propeller,** and **fr** under the **fruit.** Circle the letters that stand for the sounds of the consonant blend you hear at the beginning of each picture name.

Trace **cl** under the picture of the **claw, bl** under the **blocks,** and **pl** under the **plant.** Circle the letters that stand for the sounds of the consonant blend you hear at the beginning of each picture name.

Trace **fl** under the picture of the **flag, gl** under the **glass,** and **sl** under the **sled.** Circle the letters that stand for the sounds of the consonant blend you hear at the beginning of each picture name.

Trace **st** under the picture of the **stairs, str** under the **string,** and **sw** under the **sweater.** Circle the letters that stand for the sounds of the consonant blend you hear at the beginning of each picture name.

Trace the letters of the consonant blend under the first picture in each row. Write the consonant blend under each picture whose name begins the same as the first picture name in that row.

Circle the letters that stand for the sound of the consonant blend you hear at the beginning of each picture name.

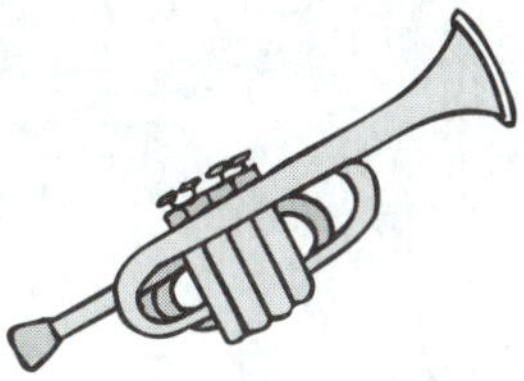	gr tr cr		sm sp sn	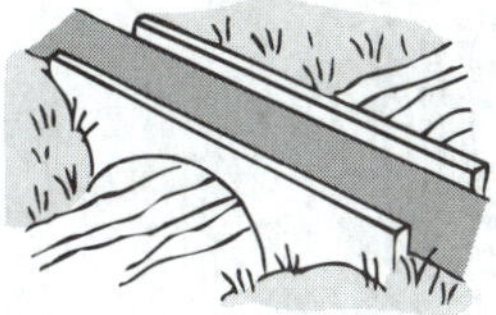	pr br tr
	sp sk sw		sl pl gl		str sk st
	gr tr fr		fl pl sl		br cl cr
	str st sw		sk sp str	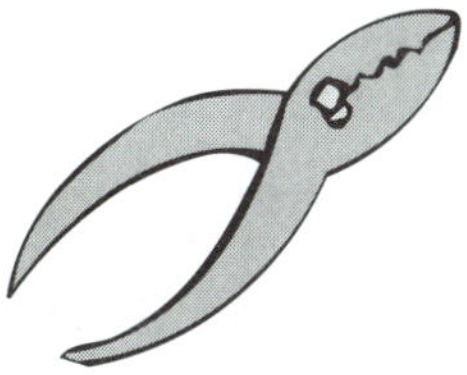	bl pl cl
	bl cr sl		cl gl pl	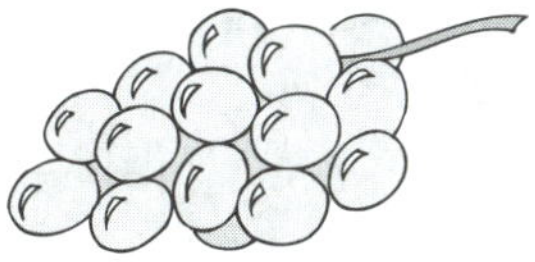	gr cr pr
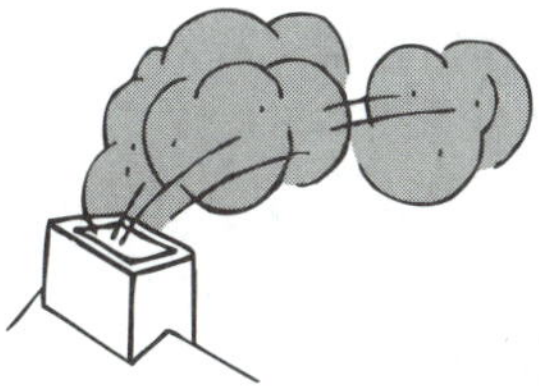	sn st sm	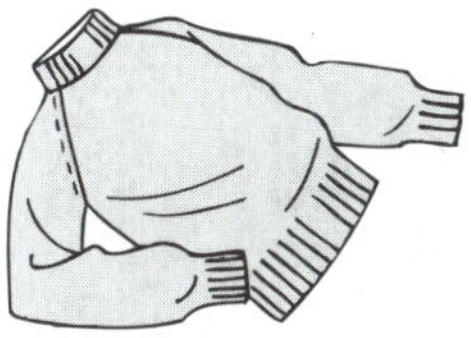	sl sw str		fl tr gr

Write the letters that stand for the sounds you hear at the beginning of the picture name.

Trace **sh** under the picture of the **ship** and under the picture of the **brush.**
Write **sh** on the first lines if the picture name begins the same as **ship.**
Write **sh** on the last lines if the picture name ends the same as **brush.**

Trace **ch** under the picture of the **check** and under the picture of the **peach.**
Write **ch** on the first lines if the picture name begins the same as **check.**
Write **ch** on the last lines if the picture name ends the same as **peach.**

Trace **th** in the word under each key picture.
Circle the first **th** if you hear its sound at the beginning of the picture name.
Circle the second **th** if you hear it in the middle or the last **th** if you hear it at the end.

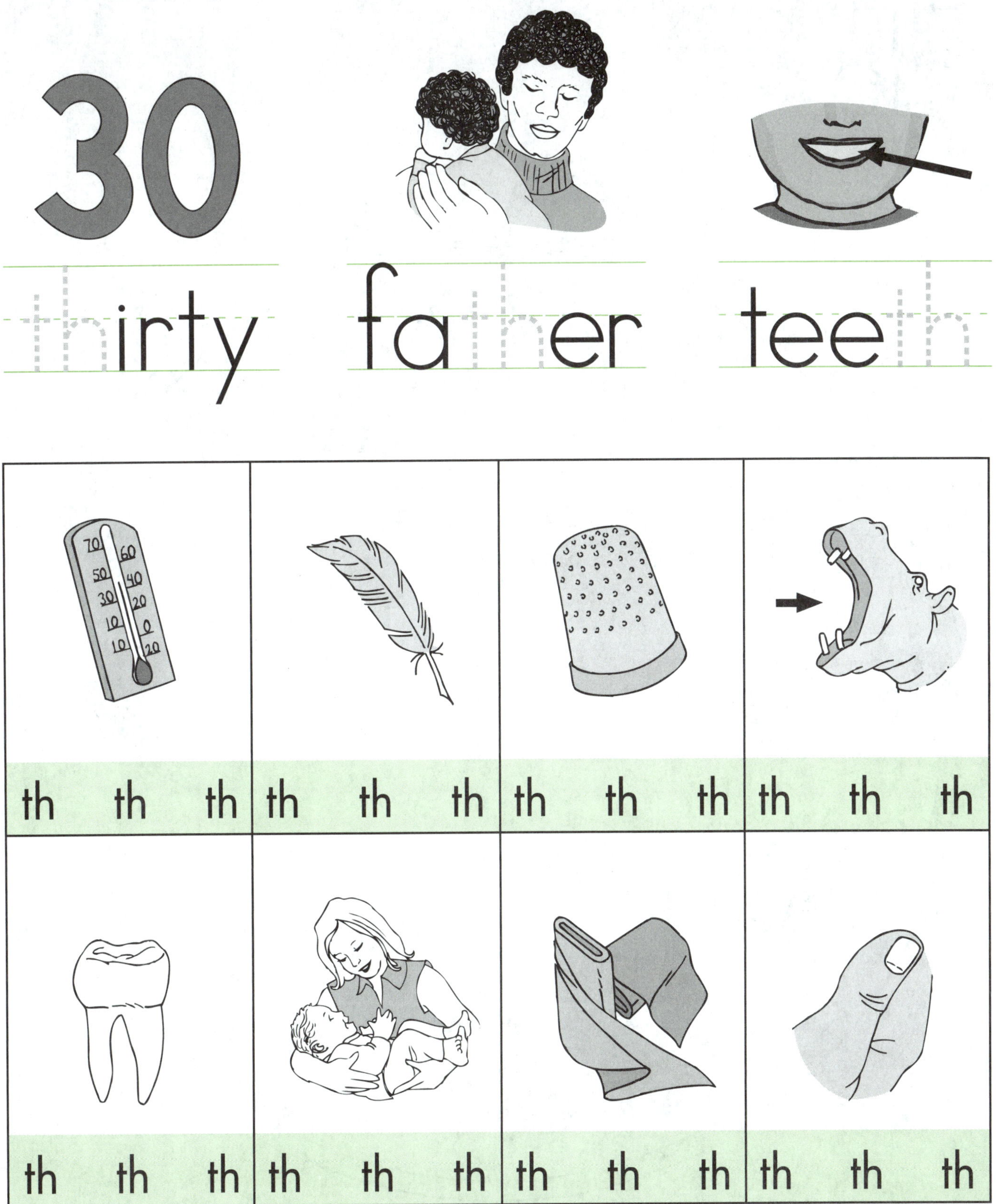

Trace **ck** above the picture of the **clock.**
Draw a hand from the center of the clock to each picture whose name ends the same as **clock.**

clock

Trace **ng** under the picture of the **king.**
Write **ng** under each picture whose name ends the same as **king.**

Trace the letters of each consonant digraph.
On the lines next to each picture, write the letters that stand for the sound of the consonant digraph you hear at the end of each picture.

Draw a line under the word that tells about the picture.
Write the number that tells how many are in the picture.

Look at each picture. Is there one thing or is there more than one in each picture? Write the word that tells what is in the picture.

ball	bike	bag	boat	dog	car
balls	bikes	bags	boats	dogs	cars

Listen to the word. Circle the letter for the first sound.

b c d

j r k

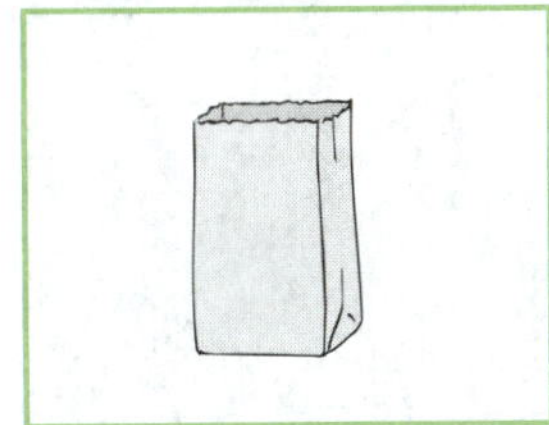

g h b

s t c

n s t

v w b

t m g

v g n

Listen to the word. Write the letter for the middle sound.

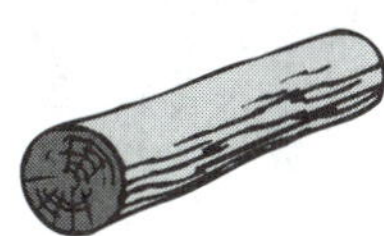

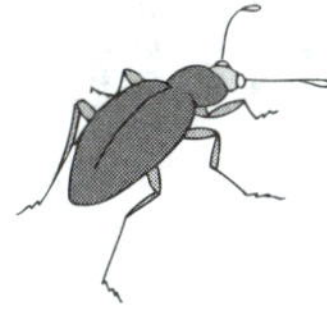

Write the word for the picture name.

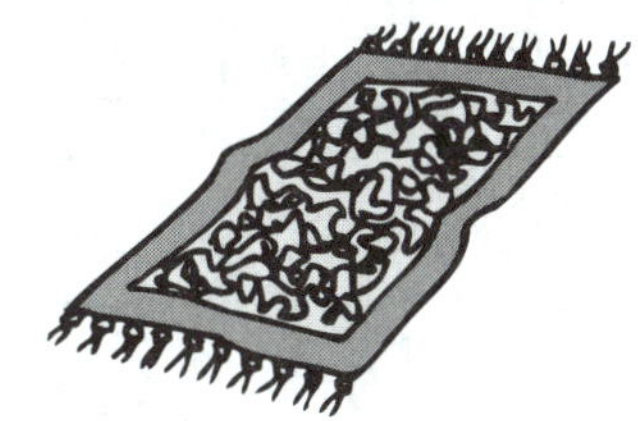

Circle the word for the picture name.

jet jeep

rag rake

cot cone

tub tube

kit kite

fir fire

cap cape

ten teen

Write the word for the picture name.

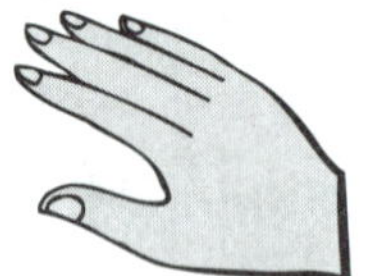

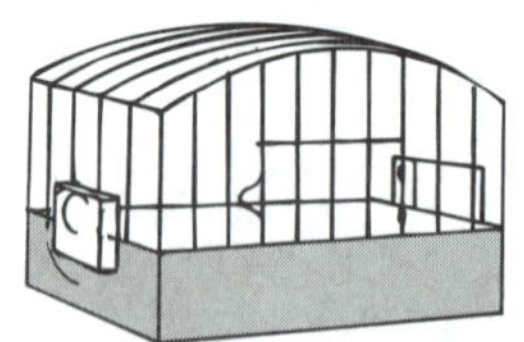